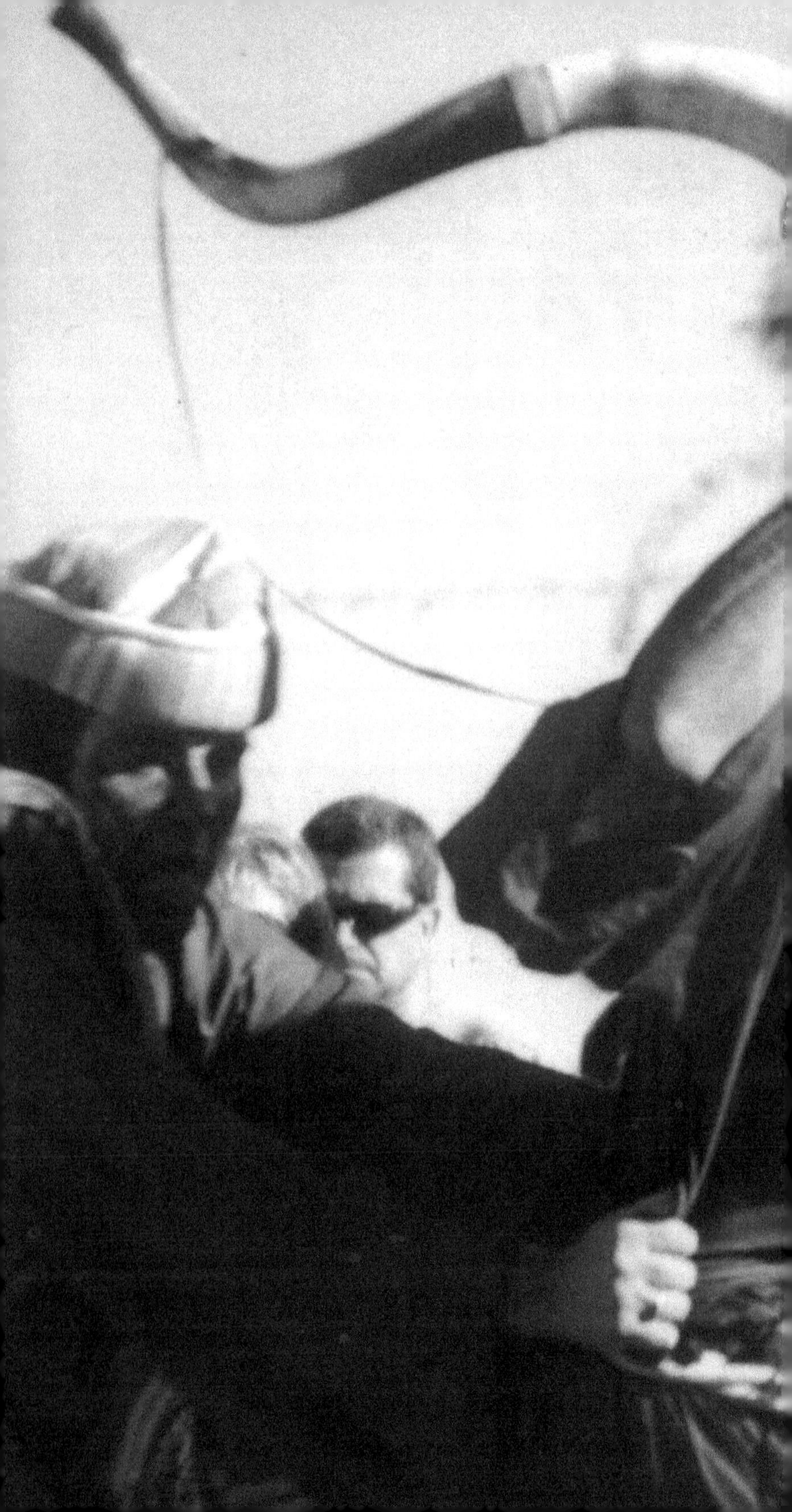

GLOBO

O Ator como Xamã

Coleção Estudos
Dirigida por J. Guinsburg

Equipe de realização – Edição de texto: Soluá S. de Almeida; Revisão de provas: Lilian Miyoko Kumai; Sobrecapa: Sergio Kon; Produção: Ricardo Neves e Sergio Kon.

Gilberto Icle

O ATOR COMO XAMÃ

CONFIGURAÇÕES DA CONSCIÊNCIA NO SUJEITO EXTRACOTIDIANO

PERSPECTIVA

Dados Internacionais de Catalogação na Publicação (CIP)
(Câmara Brasileira do Livro, SP, Brasil)

Icle, Gilberto
O ator como Xamã: configurações da consciência no sujeito extracotidiano / Gilberto Icle – São Paulo: Perspectiva, 2010. – (Estudos ; 233 / dirigida por J. Guinsburg)

1. reimpr. da 1. ed. de 2006
Bibliografia.
ISBN 978-85-273-0764-2

1. Consciência na arte 2. Teatro - História e crítica 3. Teatro - Pesquisa 4. Teatro - Teoria I. Guinsburg, J. II. Série.

06-4240 CDD-792.072

Índices para catálogo sistemático:
1. Teatro : Pesquisa : Artes da representação 792.072

1ª edição – 1ª reimpressão
[PPD]

EDITORA PERSPECTIVA LTDA.
Av. Brigadeiro Luís Antônio, 3025
01401-000 – São Paulo – SP – Brasil
Telefax: (11) 3885-8388
www.editoraperspectiva.com.br
2019

Para Augusto, que tem nome de Clown e
trouxe a felicidade de existir.
E, também, para Carolino e Teotônio, pelos
momentos de comoção.

Ao se tomar consciência da Arte,
entende-se a natureza e o sentido da vida.
Não há felicidade maior.

STANISLÁVSKI

Sumário

Índice das Fotografias

Por ordem de aparição:

CADERNO INICIAL

Caderno Final

1. Fernanda Isse em *A Tonta, a Tola, a Graça e a Absurda Palhaça*. Grupo de Teatro da Fundarte. 1996. Foto: Gilberto Icle.
2. Angélica Müller, Fernanda Andrade, Fernanda Isse e Karine Bulgareli em *A Tonta, a Tola, a Graça e a Absurda Palhaça*. Grupo de Teatro da Fundarte. 1996. Foto: Gilberto Icle.
3. Fernanda Isse, Karine Bulgareli, Angélica Müller, Fernanda Andrade e Juliana Moscofian em *Neurópira, a Febre Nervosa*. Grupo de Teatro da Fundarte. 1995. Foto: Gilberto Icle.
4. Karine Bulgareli, Fernanda Isse, Fernanda Andrade e Angélica Müller em *A Tonta, a Tola, a Graça e a Absurda Palhaça*. Grupo de Teatro da Fundarte. 1996. Foto: Gilberto Icle.
5. Gilberto Icle em *O Marinheiro da Baviera*. Usina do Trabalho do Ator. 1996. Foto: Elaine Tedesco.
6. Gilberto Icle em *O Marinheiro da Baviera*. Usina do Trabalho do Ator. 1996. Foto: Raquel Carvalhal.
7. Celina Alcântara e Gilberto Icle em *O Mestre Ausente*. Usina do Trabalho do Ator. 1995. Foto: Elaine Tedesco.
8. Alice Guimarães em *O Mestre Ausente*. Usina do Trabalho do Ator. 1995. Foto: Elaine Tedesco.
9. Gilberto Icle e Leela Alaniz numa demonstração técnica. Usina do Trabalho do Ator. 1992. Foto: Marineli Méliga.
10. Alunos do curso de graduação em teatro Fundarte/UERGS em *Ensaio* Clown. 2002. Foto: Vera Marlene Horn.
11. Lucimaura Rodrigues e Janaína Kremer em *Ensaio* Clown. Alunos do curso de graduação em teatro Fundarte/UERGS. 2002. Foto: Vera Marlene Horn.
12. Ciça Reckziegel, Leonor Melo, Gilberto Icle e Chico Machado em *Mundéu, o Segredo da Noite*. Usina do Trabalho do Ator. 1998. Foto: Marineli Méliga

Agradecimentos

Ao professor Dr. Fernando Becker, pela orientação rigorosa, pelos elogios e pelas questões instigantes, sobretudo, pelo exemplo de professor e pesquisador.

À professora Dra. Inês Alcaraz Marocco, pela co-orientação, pelos materiais emprestados e pelas leituras atentas.

Aos professores, Dra. Maria Lucia de Souza Barros Pupo, Dra. Analice Dutra Pillar e Dr. Luis Fernando Nunes Sá, que examinaram a proposta e a tese e lançaram questões, interpretações e sugestões que foram fundamentais.

Aos colegas de orientação, pelos comentários e pelo convívio.

Aos colegas da Usina do Trabalho do Ator.

Aos colegas da Fundação Municipal de Artes de Montenegro/ Universidade Estadual do Rio Grande do Sul, em especial, aos membros da linha de pesquisa Artes, Criação e Experiências de Si.

Aos amigos que colaboraram com sugestões e materiais que são tantos que não posso nomeá-los.

Aos alunos da primeira turma do curso de graduação em Teatro, da Fundação Municipal de Artes de Montenegro/Universidade Estadual do Rio Grande do Sul, que aceitaram participar desta pesquisa.

Aos atores *clowns* profissionais que se dispuseram a conceder as entrevistas.

Aos meus pais e irmãos que, por caminhos tortuosos, me ensinaram a arte de pesquisar.

À Celina, pelo convívio e por parir comigo nossos filhos.

Ao Marcelo, pelo encontro feliz e pelas trocas em tantas instâncias.

Ao Augusto, simplesmente por existir.

Introdução

Este trabalho de pesquisa nasceu de minha curiosidade como professor e ator quando, ao trabalhar com a linguagem do *clown* e mesmo com outras propostas de trabalho, me deparei com a intrincada questão de como, apesar de experimentar estados cênicos exitosos em sala de aula, a maioria dos alunos não conseguia transpô-los para as apresentações públicas.

O trabalho que procuro descrever aqui não centrará sua explicação sobre o que defino como "ator como xamã". Esse é, antes de tudo, uma imagem de chegada, e não um pressuposto da pesquisa, com a qual posso dialogar como metáfora daquilo que é o centro deste trabalho: as configurações da consciência no trabalho do ator.

Portanto, a ideia do xamã resume a tese principal deste estudo, na qual discuto a diversidade de configurações que a consciência humana é capaz de produzir para constituir, dar-se conta e repetir comportamentos espetaculares sistematizados.

O xamã é um fenômeno religioso particular que não pode ser atribuído a todas as formas de magia de povos primitivos. Caracteriza-se principalmente pelo uso de técnicas de êxtase para diferentes funções sociais. Essas técnicas modulam a consciência do oficiante de maneira similar ao que observei na pesquisa que apresento aqui. Existe um isomorfismo entre essas técnicas de êxtase e o comportamento extracotidiano do ator. Vou me esforçar em caracterizar o ator como xamã, desde as primeiras considerações que produzi sobre as ideias de consciência, das quais nossas práticas pedagógicas são herdeiras, até um mergulho mais aprofundado na diversidade de configurações da consciência extracotidiana. Assim como um xamã, o ator é sujeito de seu trabalho e está suscetível a determinados processos, configura sua consciência para obter êxito em seu trabalho e transcende seu corpo e sua mente para alcançar com todo o seu ser a plateia de observadores que, em última análise, é a razão de sua ação.

Em minha dissertação de mestrado, que deu origem ao livro *Teatro e Construção de Conhecimento*, já havia trabalhado sobre as construções de estruturas mentais no trabalho de um grupo de atores, indicando-me com isso que os processos relativos à consciência certamente importavam num ponto-chave a ser perseguido para compreender como o ator é capaz de retomar um comportamento preparado no passado e reapresentado no aqui e agora diante do público.

Foi dessa forma, como já disse, que delimitei minha investigação sobre as configurações da consciência. No entanto, não pretendo tratar a consciência segundo as tradições filosófica, psicológica ou sociológica, senão sob a perspectiva, ainda pouco explorada, do sujeito ator. Não me refiro apenas ao ator profissional, mas também ao universo dos comportamentos cênicos e espetaculares, incluindo aí todos os comportamentos organizados com o fim de apresentar-se a outros sujeitos, embora esta pesquisa se concentre numa linguagem teatral euro-americana.

A consciência, segundo esse ponto de vista, apresenta problemáticas específicas que se vinculam às discussões mais generalizadas no âmbito das ciências e das artes.

Na ciência, o termo consciência assume acepções diversas. Pode significar o estado do sistema nervoso que permite o comportamento organizado, o conjunto das representações e crenças comuns ou a capacidade de avaliar criticamente uma situação. Num certo sentido, perder a consciência pode significar perder os sentidos.

De todas as acepções do vocábulo, podem-se destacar duas que solidariamente se inter-relacionam: consciência como julgamento moral e consciência como conhecimento que permite ao ser humano conhecer seu mundo interior. A noção de consciência como conhecimento de si, foco de interesse desta pesquisa, não se afasta de uma compreensão de consciência como juízo moral, em que o sujeito pode determinar o que é moralmente certo ou errado.

O tema da conscientização crítica foi objeto de trabalhos importantes de diretores-pedagogos no teatro do século XX. Os trabalhos de Brecht e, no Brasil, de Augusto Boal, seguem essa direção, notadamente quando exploram o trabalho do ator na relação com os princípios conscientizadores das respectivas propostas estéticas. Também Paulo Freire utilizou o termo nesse sentido dizendo que "a conscientização implica, pois, que ultrapassemos a esfera espontânea de apreensão da realidade, para chegarmos a uma esfera crítica na qual a realidade se dá como objeto cognoscível e na qual o homem assume uma posição epistemológica"[1].

Na história do trabalho do ator, o conhecimento de si foi o foco central das preocupações de artistas e pesquisadores dos comportamentos cênicos, o que não significa que a compreensão do outro ou da criação coletiva esteja afastada desse universo de preocupações; ao contrário, o conhecimento de si no trabalho do ator sempre conduziu para uma relação mais profunda com o outro ou com os outros, tanto colegas de cena e/ou grupo, quanto com o público. Sendo assim, analisar a consciência no trabalho do ator significa entendê-la no seu funcionamento e não como algo estático. Faz-se necessário cercar o problema de forma relacional.

As neurociências têm contribuição significativa à questão da consciência quando articulam ideias não dicotômicas entre a porção física do corpo e aquilo que consideram como uma experiência do corpo: a consciência.

Para Maturana, a consciência é uma experiência e não um ente como é o corpo. A proposição explicativa desse autor inclui a compreensão da consciência como uma experiência de autodistinção. Segundo ele: "A consciência não está localizada no sistema nervoso ou no corpo em geral; ela é vivenciada como uma experiência na autoconsciência, [...] a consciência é vivenciada enquanto é vivenciada como uma experiência"[2].

Sem ser contrário às ideias de Maturana, Piaget não fala propriamente em consciência, mas em "tomada de consciência" (*prise de conscience*), o que revela um caráter funcional e dinâmico. Falar em tomada de consciência significa falar dos mecanismos, ou seja, de *como* tais manifestações humanas ou, para usar o termo de Maturana, como tal *experiência* se constrói a partir da ação do sujeito.

Essa questão traz consigo alguns problemas metodológicos. O primeiro e mais evidente é o de verificar que a consciência é um atributo privado da mente, e só temos acesso a ela por intermédio de nossa própria experiência, ou por indícios nos comportamentos de outros sujeitos.

E a consciência em relação ao trabalho do ator ou aos comportamentos cênicos me faz pensar, também, nesta "esquizofrenia" do sujeito-ator, pois ele é forma e conteúdo, instrumento e instrumentista, objeto e sujeito ao mesmo tempo. O trabalho cênico é prova da possibilidade de uma consciência superlativa em relação aos demais comportamentos humanos ou apenas uma extensão destes? Seja como uma consciência especial ou uma extensão desta, o corpo tem obviamente um papel singular no trabalho do ator.

1. P. Freire, *Conscientização*, p. 26.
2. H. A. Maturana, *A Ontologia da Realidade*, p. 232.

Ocorre que cabe duvidar do óbvio, pois a ideia de corpo presente nas artes cênicas tem sido difundida como sendo esse o instrumento do ator (e do bailarino). Não obstante, a tradição cartesiana, própria de nossa compreensão, nos encaminha para compreender essa palavra *instrumento* como tão somente a porção física e material do ator, o que certamente não é suficiente para os propósitos de qualquer estudo, muito menos para os que apresento aqui.

Para entendermos que o corpo não é apenas o instrumento, mas o próprio sujeito, vale lembrar que a porção física é apenas parte do trabalho, e melhor seria dizermos que o ator não trabalha exclusivamente com seu corpo, mas antes, trabalha sobre suas energias corporais. Essas energias são formas de se relacionar com o tempo e o espaço, as quais são corpo, mas também consciência, portanto, atividade física e mental das mais refinadas e desenvolvidas que o ser humano foi capaz de produzir até agora.

Ao falar sobre o trabalho psicofísico do ator, Stanislávski foi quem primeiro supôs a ideia de que a consciência encontra um caminho muito particular para desenvolver e construir mecanismos capazes de fazer com que um sujeito ator apresente a outros sujeitos um comportamento cênico sistematizado, organizado, mas distinto do comportamento cotidiano. O diretor russo, influenciado, provavelmente, pelas ideias da psicanálise freudiana emergentes na época, acreditava que a busca do ator era encontrar métodos conscientes para alcançar o inconsciente. Grotóvski, seguindo essa pista, anos mais tarde irá trabalhar sobre a ideia de Jung, de inconsciente coletivo, pesquisando a possibilidade de fazer emergir do trabalho psicofísico do ator os arquétipos da coletividade. De qualquer forma, trata-se de uma compreensão em relação à própria ação. Como o ator é capaz de se dar conta, ou seja, de tomar consciência e, portanto, de controlar aquilo que faz, ou o que deixa de fazer?

O fato cabal sobre a consciência no trabalho do ator, amplamente demonstrado pelas pesquisas citadas, é que a consciência possui uma íntima vinculação com as emoções, e ambas, embora processos internos e privados, se conectam ao corpo de maneira insubstituível.

O que o leitor pode estar se perguntando agora é: mas consciência de quê? No caso do ator, consciência de si, consciência que possibilita aspectos importantes do desenvolvimento humano, como memória, linguagem, razão, atenção, mas que não são formas *a priori*, pois aparentemente aspectos fundamentais da consciência parecem funcionar à margem dessas funções cognitivas, embora se relacionando com elas.

Na mesma perspectiva de Piaget [3], Damásio diz que "a consciência consiste em construir um conhecimento sobre dois fatos: um organismo

3. A seguir trabalharei com algumas ideias de Jean Piaget.

está empenhado em relacionar-se com algum objeto, e o objeto nessa relação causa uma mudança no organismo"[4].

Entretanto, como já disse, no caso do ator essa objetivação ocorre nele próprio. Uma parte de sua consciência está empenhada em realizar uma ação, de forma a integrar todo o seu ser; outra, contudo, permanece consciente da ação programada no passado e executada no aqui e agora.

É dessa forma que construção de conhecimento e consciência se confundem, esta última possibilitando a primeira e, de fato, exercendo o papel de mecanismo para o ato de conhecer.

Segundo Maturana:

> como distinguimos a nós mesmos em nosso observar, como entidades que operam distintas de nossos corpos, mas associadas com a operação de nossos corpos, localizamos a nós mesmos em nossos corpos como entidades conscientes diferentes de nossos corpos. Essas são as experiências que temos que explicar se queremos explicar a consciência[5].

Não se trata de uma entidade, mas de uma emergência do sistema vivo, de algo que emerge de seu funcionamento e estrutura. Falar em consciência é sempre falar em autoconsciência e, portanto, em conhecimento de si.

Foi seguindo essa trilha e usando os dados recolhidos em meu trabalho com a linguagem do *clown* que cheguei a formular algumas ideias sobre a consciência: a construção de um sujeito extracotidiano, como processo de diferenciação do sujeito cotidiano, conduzindo a exploração dos mecanismos e das características do que designo como consciência extracotidiana.

A ideia de *extracotidiano* foi amplamente discutida por Barba, entre outros. Assinala a diferença entre uma dimensão cotidiana, na qual todos nós vivemos, e a dimensão extracotidiana, que caracteriza a reconstrução artificial da vida pelas artes do espetáculo, como veremos a seguir.

Este trabalho, portanto, faz um estudo exploratório das diferentes configurações expressas em comportamentos cênicos em sala de aula e nos relatos de atores profissionais e pretende conduzir o leitor a refletir sobre a consciência extracotidiana como experiência singular daquele sujeito que convencionamos chamar, no mundo euro-americano, de ator.

A LITERATURA SOBRE O TEMA: TEATRO DE PESQUISA E PESQUISA TEATRAL

Existe, certamente, uma carência de pesquisas e estudos na área teatral que possam atender, ao menos em parte, à questão da consciên-

4. A. R. Damásio, *O Mistério da Consciência*, p. 38.
5. H. R. Maturana, *A Ontologia da Realidade*, p. 232.

cia no campo dos chamados "estudos teatrais", especificamente no trabalho do ator.

Historicamente, esses estudos, no mundo euro-americano, por diversos caminhos, vincularam o teatro à literatura, e por isso a semiótica, a teoria da comunicação e a teoria literária e histórica foram mais pautadas do que as concepções que entendem o teatro, o trabalho do ator e de forma mais ampla os comportamentos cênicos e espetaculares como vinculados às artes corporais. Não obstante, diversos estudos tentaram uma via alternativa à literatura como foco de análise; é o caso dos estudos de Laban, Dalcroze, Decroux; das pesquisas de encenadores importantes, como Stanislávski, Meierhold e Grotóvski; e, ainda, de estudos contemporâneos, como a Antropologia Teatral, os Performance Studies e a Etnocenologia.

A busca de compreender os fenômenos, ações e reações humanas ante o esforço de dominar o mundo e a si mesmo aproxima a arte da ciência. A pesquisa em arte, até bem pouco tempo ignorada nos meios acadêmicos, encontra na superação dos estereótipos que dicotomizam razão e intuição o campo propício para seu desenvolvimento.

Descartes marca, na cultura euro-americana, a passagem para o conhecimento que tem na razão seu ponto de apoio. Essa razão cartesiana tem, na evidência, um de seus principais elementos. Somente é verdadeiro aquilo que se pode demonstrar ou de que se tem evidências, pela divisão em partes, da ordenação e da enumeração. Descartes deixa fora de seu método tudo o que não se quantifica ou não se traduz dentro de um pensamento lógico-matemático.

Esse pensamento coloca a arte como algo não passível de divisão, de enumeração, de ordenação, com poucas evidências e, portanto, não ciência, ou seja, não conhecimento.

Com essa tradição a arte esteve quase afastada da pesquisa no Brasil, de forma sistemática, pelo menos até o final da década de 1970. O teatro, em especial, arte da *pessoalidade*, estudo do eu em situação de comunicação com o outro, era dificilmente encarado como objeto de pesquisa, não vinculado aos estudos literários, à medida que o impessoal era critério absoluto na pesquisa da época. A incompatibilidade da arte em geral com os critérios cartesianos da pesquisa só começa a ser rompida quando a pesquisa começa a admitir o abalo nas referências clássicas da objetividade, aceitando o pesquisador como observador e objeto do conhecimento produzido, e das múltiplas relações entre esse e o conhecimento.

As relações entre fazer e compreender são, antes de tudo, uma preocupação das artes nos seus mais variados campos do saber. No caso do teatro, o fazer se configura como uma verdadeira compreensão de si mesmo, ao passo que o compreender se faz na ação.

Compreender como e por que o artista usa ou deixa de usar este ou aquele procedimento, quais as razões de sua criação é, antes de tudo, a própria natureza humana no seu constante esforço de compreensão, no seu processo único de conhecimento. Ao estabelecer cientificidade a esse processo, eleva-se ele a um outro patamar de conhecimento e, nesse nível, as diferenças entre arte e ciência, entre razão e intuição são difíceis de serem percebidas.

É, nesse aspecto, aliás, que a pesquisa teatral se diferencia do teatro de pesquisa. Todo fazer teatral supõe, em alguma medida, uma pesquisa, no sentido de coleta de dados e, às vezes, análise, para transformá-la em cena teatral. Em qual montagem, atores e diretores não recolhem dados sobre os personagens, sobre o período a ser encenado, sobre o autor, entre outros? No entanto, pesquisar significa muito mais. Por outro lado, existe um teatro de pesquisa. Herdeiro sobretudo das pesquisas de Stanislávski, Grotóvski e outros, o teatro de pesquisa, nos seus diferentes níveis, configura-se na relação entre a resolução de problemas, de formação dos atores ou de linguagem teatral e a montagem de um espetáculo ou evento teatral. O resultado, o espetáculo, é fruto de um processo investigativo que se resolve, ao menos em parte, pela encenação. Esta é, portanto, processo, tanto quanto todos os passos que a precederam, pois ela é a testagem de alguma técnica ou poética nova ou com uma nova abordagem.

A pesquisa teatral, ao contrário, produz um estudo e não, necessariamente, uma obra de arte. Sistematiza os passos empregados e parte de uma problemática e suas respectivas hipóteses. Pode estar ligada a uma obra teatral ou dramática ou à sua análise, mas não se confunde com ela.

Stanislávski, o primeiro homem de teatro no Ocidente a realizar um trabalho empírico e investigativo a propósito da formação de um sistema explicativo e de efeito multiplicador, já afirmava que

> não é nossa culpa que o campo das artes cênicas tenha sido tão descuidado por estudiosos e tenha ficado inexplorado. Assim, podemos dispor somente das palavras que provêm do trabalho prático. Devemos nos contentar com termos cujos significados são, por assim dizer, caseiros[6].

Do início do século XX até os dias atuais, trabalhos importantes contribuíram para amenizar esse quadro; é o caso das investigações de Barba, Grotóvski, Meierhold, Decroux, entre outros. No entanto, autores importantes, como Hornby ou Carlson, reconhecem o que Pradier chama de "deserto científico"[7], ou seja, esse afastamento dos estudos teatrais das ciências. O próprio Pradier formula adequadamente sua reclamação dizendo que a tradição acadêmica

6. Stanislávski, apud E. Barba, *La canoa de papel*, p. 215.

7. J.-M. Pradier, Os Estudos Teatrais ou o Deserto Científico, *Repertório Teatro e Dança*, p. 38-55.

em vigor, nos dias atuais, orienta seus estudos com base numa linha de força que se confunde com as ciências literárias ou que lhes é paralela. Mas é necessário precisar que cada país mantém sua própria tradição. Se a Itália é conhecida por sua historiografia, não ocorre o mesmo com a França e a Alemanha, onde o gosto pela teoria deu livre curso aos sistemas de interpretação, fomentados pela linguística e pela psicanálise. E isso a despeito do interesse pela ciência, manifestado por certos artistas[8].

No Brasil, professores e artistas buscaram principalmente na França e nos EUA suas formações acadêmicas e, segundo Pradier, mesmo nos EUA "as *Performance Studies* norte-americanas [também] não alcançaram o limiar, a porta que conduz para além das "humanidades", em direção dos espaços onde obram os que se consagram às ciências da vida"[9].

É nessa medida que a questão da consciência pensada a partir da ideia de *vida* foi pouco explorada, e sobre ela temos poucas informações. Mas que outra preocupação tem um ator, senão a de poder realizar um trabalho que seja construído de tal forma que em suas ações fluam uma vida contínua e plena? De fato, Barba formula o problema do trabalho do ator, na sua Antropologia Teatral, destacando as construções subjacentes em nível pré-expressivo, ou seja, o funcionamento do *bios-cênico*[10].

O *CLOWN* COMO OBJETO DE ESTUDO

Este não é um trabalho sobre a linguagem do *clown*. Contudo, de todos os trabalhos práticos como ator e como professor de teatro que já experimentei, o *clown* me chama a atenção sob o ponto de vista da consciência. Por se tratar de uma tomada de consciência dos aspectos ridículos do ator pelo próprio sujeito, para deles extrair resultados cênicos que levem o público ao riso ou à comoção, o *clown* é um trabalho exemplar para a compreensão dos mecanismos da consciência no trabalho do ator, e por esse motivo escolhi trabalhar com ele, para verificar essa consciência extracotidiana.

Ainda lembro a primeira vez que vi um *clown*. Era criança e fui ao circo com meus pais. Todos riam muito, no entanto, achei tudo muito comovente. O palhaço vestido de vermelho recebia pancadas e bofetões, mas não reagia. Uma tristeza profunda parecia entranhada em cada ação sua.

Anos mais tarde, fui iniciado nas artes clownescas por um homem muito engraçado. Chamava-se Luís Otávio Burnier, tinha olhos grandes, traços angulosos e um sorriso farto; era mímico e *clown*.

8. Idem, p.44.
9. Idem, ibidem.
10. E. Barba; N. Savarese, *A Arte Secreta do Ator*.

Burnier era professor na Universidade Estadual de Campinas, onde dirigia o Laboratório Interdisciplinar de Pesquisas Teatrais, o Lume. Foi discípulo de Etienne Decroux, o criador do mimo corpóreo e um dos renovadores do trabalho do ator no século XX. O Lume promovia desde o início da década de 1990 Encontros de *Clown*, cursos em forma de retiro, em que um grupo de atores (às vezes nem todos o eram) era iniciado ou aprofundava seu trabalho de *clown*. Tive o privilégio de participar de um desses retiros em 1991. Ali nasceu Eulálio, meu *clown*, ou ainda, eu em situação de *clown*.

Antes disso havia trabalhado com noções de cômico no curso de Artes Cênicas da Universidade Federal do Rio Grande do Sul, onde me graduei, principalmente nas aulas da professora Maria Helena Lopes, mas não havia trabalhado com o nariz vermelho. Depois do período de iniciação continuei fazendo experiências e tentativas, chegando a fazer diversas performances, passeios, *happenings* e esquetes de *clown*, quase sempre sozinho. Em 1995, fiz uma participação especial como *clown* em um dos espetáculos do Lume: *Mixórdia em Marcha Ré Menor*.

Desde 1992 trabalho como diretor do Núcleo de Investigação Usina do Trabalho do Ator, no qual também fiz diversas intervenções e experiências no âmbito do *clown*. O trabalho de improvisação desse grupo foi objeto de minha dissertação de mestrado[11].

Em 1993 ingressei como professor de teatro na Fundação Municipal de Artes de Montenegro, a Fundarte, e iniciei ali o trabalho de *clown* com os alunos; primeiro com noções sobre o cômico, assunto que muito interessa a jovens e adolescentes, depois exercitando a construção do uso dos narizes e, por fim, montando espetáculos com os alunos.

Essa última experiência foi decisiva para a elaboração desta pesquisa, pois, no contato cotidiano com os alunos em situação de *clown*, surgiram meus primeiros questionamentos sobre a tomada de consciência no processo de edificação do *clown*.

Foi durante os anos em que trabalhei o *clown* com os alunos da Fundarte que estruturei e organizei uma proposta pessoal de iniciação através do cômico, quando pensei de forma mais sistemática as questões sobre a ação clownesca.

Ao pensar a ação cômica, logo surge a imagem da poesia. Não uma poesia de palavras, mas uma poesia de ações. E se a poesia é uma seleção metafórica que toca e encanta, então, a ação clownesca, plena e construída a partir da experiência profunda, é uma poesia em ação, uma metáfora do homem como homem, perdido em sua humanidade.

Existe, portanto, um sentido estético na pedagogia do *clown*: aquilo que o liga à educação. Essa ligação se define no caráter lúdico

11. *Teatro e Construção de Conhecimento*.

do *clown*, à suposição de que haja um equilíbrio em ação entre um plano ou dimensão interior e outro exterior e, por fim, um pleno simbolismo nas ações clownescas. Ora, ludicidade, equilíbrio em ação e simbolismo são aspectos inerentes ao processo ensino-aprendizagem. Essas características, portanto, merecem ser destacadas, dada a extrema importância de sua contribuição para o universo de nossos saberes em arte e educação.

Trabalhar com o *clown* envolve essa poética de tornar conscientes as características ridículas para delas tomar partido, acionando diante do público um estado clownesco, mais que uma ação dessa natureza. O *clown*, como apresento aqui, possui uma ação que é aparentemente mínima e se expressa no seu estado psicofísico. Portanto, o ator *clown* precisa de uma consciência apurada para um processo que se inicia na identificação de suas próprias fragilidades como pessoa e naquilo que lhe é ridículo, orelhas grandes ou medo de baratas, por exemplo. Processa-se num caminho complexo de experimentações, no qual a percepção tem papel preponderante e, auxiliada por outros mecanismos cognitivos, é capaz de construir repertórios de estados e ações ridículas, para num último momento serem acionados na presença do público.

O estado ridículo é extremamente dinâmico, pois lida com uma complexidade de energias vivas e pulsantes. No entanto, o que diferencia um sujeito qualquer de um ator, pois ambos passam por estados ridículos no cotidiano, é que o ator é capaz de elevar esse estado a um patamar extracotidiano, tomando para si esse estado ridículo, generalizando-o em outras ações e reproduzindo-o, para reapresentá-lo em outro momento, conseguindo um efeito semelhante ao de quando o estado foi criado. Portanto, o estado precisa se tornar transformação, e a condição dessa transformação é a sua apropriação.

Pude perceber, na prática, que "cristalizar", ou seja, deixar que a transformação permaneça em estado estático, confere um resultado nada eficaz ao trabalho clownesco. Ao contrário, conseguir que esse estado inicial permaneça em constante transformação, tanto no espaço quanto no tempo, é um dos caminhos mais interessantes para uma ação que transforma o sujeito que a realiza e a percepção dos outros sobre ele.

Depois de exercitar com meus alunos o picadeiro, exercício principal da iniciação clownesca que aprendi com Burnier, dificilmente algum dos sujeitos não experimenta o estado ideal para seu *clown*: o ridículo. Contudo, o problema prático que todo *clown* enfrenta é como manter esse estado, como se apropriar dele, manipulá-lo e ser capaz de acioná-lo noutro momento. Eis um caminho difícil no qual a consciência tem um papel vital, como veremos adiante.

O PROBLEMA

Meu objeto de estudo é o trabalho do ator, e é sobre esse conteúdo que pretendo me debruçar. Cabe, então, pensar uma *epistemologia do ator*[12], ou seja, um estudo sobre a consciência como conhecimento no trabalho do ator.

Ao conceber a ideia de uma epistemologia do ator, suponho a construção de uma problemática que une a questão da construção de conhecimento aos estados gerais de representação no trabalho do ator.

O estudo desses estados de representação cênica supõe a formulação de dois planos: o primeiro, definido como cotidiano, caracterizado pela construção do sujeito em relação à interação com o meio (físico, emocional, social etc.), em que articula uma primeira natureza humana, formas de pensar e agir que partem do princípio da sobrevivência da espécie, o menor esforço para o maior resultado; o segundo também se constrói na interação com esse meio, contudo, define-se como um comportamento extracotidiano, articulado e edificado por uma "segunda natureza"[13] de comportamento, no qual leis fictícias agem segundo o princípio do maior esforço para o menor resultado.

O problema que apresenta tal confronto é, então, o de saber como e por quais mecanismos essa segunda natureza se constrói. Esse problema mais geral me conduz, também, para outros de especificidade mais clara, mas igualmente contundentes. É o caso de saber sobre as relações, isomorfas ou não, entre a primeira e essa segunda natureza de comportamento. Da mesma forma, caberia indagar sobre a gênese das estruturas de conhecimento concernentes a essa segunda natureza. Teriam elas funcionamento e estruturação semelhantes às estruturas conquistadas no cotidiano?

Piaget contribui sobremaneira para essa questão, pois, ao elaborar uma epistemologia genética, edificou um quadro teórico com base empírica (mas não empirista) da gênese dos conhecimentos construídos. E é preciso frisar que a palavra "genética" refere-se à "gênese" (série de causas que concorreram para a formação de alguma coisa), e não à "gene" (elemento relacionado aos caracteres hereditários), estudo que filósofos e cientistas desconheciam até então, pois contentavam-se tão somente com os estados ulteriores de conhecimento.

Compreender a própria ação, tornar consciente, controlar o fluxo de vida, o sistema complexo de energias capazes de atrair a

12. Crio o termo epistemologia do ator em paráfrase aos estudos psicogenéticos, inspirados em Piaget, tentando elevar os processos sociocognitivos do ator ao patamar de problemática científica.

13. Termo usado principalmente por Eugenio Barba. De modo geral, diferencia-se de uma primeira natureza, na qual, imersos na cultura que nos envolve, construímos modos de ser cotidianos. A segunda natureza, pela prática cotidiana de determinados elementos, se reencontra à naturalidade, fazendo parecer que a extrema artificialidade é algo natural e orgânico.

atenção do público e criar universos cenicamente fictícios é o objetivo desta epistemologia do ator. Como é possível a *repetição* das energias das ações físicas, este *re-apresentar* das ações? Como se torna compreensível ao ator o mecanismo que, de forma consciente, possibilita que ele, pela sua vontade, acione um estado determinado não pelo ânimo presente, mas pela construção passada de ações físicas? Eis o problema que este trabalho pretende enfrentar: como age a consciência nesse caminho entre as primeiras criações e a re-apresentação?

A consciência tem um papel central nesse processo. O ator improvisa e, na sua ação, já existe um conhecimento complexo que só terá validade e eficiência se puder ser repetido, reproduzido. A reprodução nunca é algo resgatado do passado em todos os seus termos, ela é uma reconstrução, pois é uma criação no presente propiciada pela história das criações das ações no passado. É a consciência em seus diferentes níveis que assegura ao ator a capacidade de recriar estados energéticos específicos.

Nesse caminho, podemos vislumbrar, ao menos, três momentos: uma *primeira elaboração*, que consiste na preparação do ator, um aprendizado anterior ou concomitante à criação de alguma obra, mas que não se confunde com ela, pois constrói as habilidades histriônicas mínimas, como, por exemplo, falar de modo articulado, agir com todo o corpo e não somente com as extremidades. Em especial, constrói uma presença cênica, a capacidade de acionar um estado tal que capte e mantenha a atenção do público. Quase sempre envolve a criação de algum material expressivo, uma primeira sequência de ações ou a experimentação de um estado energético específico que vincule alguma ideia, um personagem, um tipo ou uma situação em estado bruto. Uma *segunda elaboração* pode ser caracterizada como a preparação da obra ou os ensaios, na qual atores (e normalmente um diretor) operam uma criação sobre algo específico, extraído da primeira elaboração, quase sempre anexando-se um texto, uma ideia, um roteiro. Nesse momento a repetição é enfatizada, pois através dela e de suas respectivas significações os atores memorizam as ações propostas. E, por fim, chega-se a uma *terceira elaboração*: a apresentação. Aquilo que foi conquistado no período de preparações do ator e da obra deve ser agora refeito para a plateia, num momento determinado, num espaço específico, não importando se o ator tem ou não disposição, dor ou se algo o importuna.

Ocorre, aí, um trabalho de *transferência* ou de *repetição* de estados psicofísicos, experimentados e manipulados em situação de preparação, na presença do público. Consciente de todos os aspectos do ambiente, do tempo e das circunstâncias, o ator deve manipular sua consciência para fazer parecer que realiza aquela ação pela primeira vez, ocupando sua mente (mas não toda sua consciência) com a ação que realiza. Essa dualidade de pensar, de agir e de tomar consciência de sua ação e de si próprio configura um caso particular de consciência: uma "consciência extracotidiana".

Como já disse, o problema deste trabalho foi o de verificar a questão da consciência no caminho entre a primeira elaboração do ator e a re-apresentação das ações ao espectador (terceira elaboração), usando o caso particular do *clown* como objeto dessa verificação.

Nas sessões de trabalho que desenvolvo é costume se fazer um momento dialógico com o grupo, em que são discutidos os aspectos gerais do funcionamento do trabalho. Falar sobre o próprio trabalho parece ser mesmo uma tendência dos alunos e prova de seu interesse.

Mas o discurso oral do ator sobre seu processo de trabalho influencia na apropriação dos mecanismos de suas ações, ou são apenas descrições dos passos realizados? Qual a importância do raciocínio neste processo? Como funcionam outros mecanismos cognitivos, como a percepção e a interação com os outros atores? A consciência está no que se faz ou no que se define oralmente? Saber fazer e saber repetir é prova de consciência do processo? Quando o ator é consciente de seu processo, adquire capacidade de manter melhor as qualidades que deseja entre a primeira e a terceira elaboração criativa?

Eis algumas perguntas com as quais me deparei e que originaram tantas outras. Esta pesquisa, certamente, não as responde, mas espero que possa oferecer alguma contribuição ao universo de saber em torno dessas especificidades. Poder perguntar de maneiras distintas sobre as velhas questões vale mais a pena do que respondê-las em definitivo.

A PESQUISA

O que o leitor encontrará nas páginas seguintes é o relatório de uma pesquisa realizada com dois grupos de sujeitos. O primeiro foi formado por dezesseis alunos do curso de graduação em teatro, da Fundarte/UERGS (Universidade Estadual do Rio Grande do Sul). Trabalhei com eles numa oficina de iniciação ao *clown* durante os meses de setembro a dezembro de 2002, num total aproximado de cem horas-aula de trabalho. Os dados referentes a esse trabalho foram coletados de três formas: em anotações num caderno de notas, no qual eu ia registrando os acontecimentos e minhas impressões sobre o desenvolvimento do trabalho; em entrevistas individuais que realizei com alguns deles; e em entrevistas coletivas realizadas com todo o grupo em três momentos distintos do trabalho. Registrei em vídeo as entrevistas e as transcrevi, o que gerou um enorme volume de material. Assim, fui obrigado a restringir o material tendo que escolher o trajeto de alguns desses alunos para focalizar a pesquisa.

O segundo grupo foi constituído de quatro entrevistas com atores *clowns* profissionais. Dessas, a primeira considerei uma entrevista-piloto, tendo sido a base para a formulação das questões das outras três; essas últimas, então, são as que efetivamente utilizei para analisar e estão mencionadas neste trabalho.

Os sujeitos de ambos os grupos foram identificados por letras do alfabeto e, embora o primeiro grupo fosse formado por sete homens e nove mulheres, optei por transcrever e me referir a todos os sujeitos no masculino para evitar a sua identificação.

O uso desse material no texto que se segue está destacado, para que o leitor prontamente identifique os dados como coletados dos sujeitos.

A análise desses dados ocorreu por meio do que designo como *relação de implicação*, na qual procurei identificar algumas recorrências nos materiais e, a partir daí, explorar essas recorrências como temas para estudo. Dessa forma, os temas aqui encontrados e seus desdobramentos foram extraídos das entrevistas com os dois grupos e de minhas anotações durante o trabalho com o primeiro grupo.

Focalizando a questão da consciência no trabalho do ator, em especial no trabalho com o *clown*, inicio pensando no primeiro capítulo, sobre a forma como estamos acostumados a pensar a consciência a partir das tradições pedagógicas teatrais, ora como razão e ora como uma minimização da razão. E nesse mesmo capítulo descrevo as ideias sobre o *clown* para localizar o leitor no trabalho que realizei.

A partir daí, inicio a discussão dos dados que coletei e analisei, expondo-os no segundo capítulo para defender a ideia de uma continuidade funcional e uma ruptura estrutural na constituição do sujeito extracotidiano.

No terceiro capítulo, procuro trabalhar a ideia do mecanismo da consciência, amparado em Piaget, que mostra as relações entre fazer e compreender, a tomada de consciência como uma construção e os movimentos da periferia indiferenciada até regiões mais centrais do sujeito e do objeto de conhecimento, como explicação para o mecanismo da consciência.

Depois, apresento as ideias que reúnem diferentes configurações e aspectos da consciência no trabalho do ator que me fizeram cunhar o termo *consciência extracotidiana*. Essas ideias conduzem a um quinto e último capítulo, no qual discuto as relações entre o trabalho do ator e o xamanismo como metáfora das configurações singulares da consciência assumidas no trabalho do ator.

Não é senão na condição de um praticante que apresento essa reflexão com o objetivo de melhor poder contribuir para a discussão do trabalho do ator e suas implicações para a educação. No entanto, essa reflexão não objetiva descobrir verdades sobre o ator, mas, como um estudo exploratório, constituir significados a partir do confronto com a experiência, trabalhando e entrevistando alunos e *clowns* profissionais. Essa exploração está, certamente, atravessada pela minha experiência como professor e nela encontra respaldo para seguir e, ao mesmo tempo, elevá-la a outro nível de apropriação. Assim, seus efeitos multiplicadores são tão somente contribuições para a reflexão, distanciando-se completamente de receitas ou métodos.

1. As Abordagens da Consciência nas Tradições Pedagógicas Teatrais

Antes de iniciar a análise dos dados que recolhi nesta pesquisa e as reflexões acerca da consciência extracotidiana, imagino que caberia localizar o leitor em relação às contribuições que as tradições pedagógicas teatrais legaram a nós, fazedores de teatro, sob o ponto de vista da consciência e como a temos entendido. Não se trata de realizar uma historiografia, mas juntar alguns elementos que possam ajudar-nos a pensar como a consciência tem sido considerada entre nós, pessoas de teatro.

As relações entre pedagogia e teatro são mais vinculadas entre si do que aparentam. A pedagogia teatral não é apenas as formas e os consequentes conteúdos do ensino teatral em geral ou da preparação e formação do ator em particular. Antes de tudo, a pedagogia teatral é a busca sempre renovada de construção em níveis cada vez mais elevados de desenvolvimento teatral.

Por tradições pedagógicas, dentro do campo do teatro, entendo o conjunto de sistemas, técnicas, poéticas e éticas que artistas e grupos engendraram para a formação, manutenção e desenvolvimento de diferentes estéticas teatrais. Assim, uma tradição pedagógica se configura num conjunto de práticas e ideias teóricas que formam uma unidade de sentido, no qual os artistas cênicos se unem para melhorar, qualificar ou simplesmente construir seus respectivos trabalhos.

Essas tradições, em geral, não nascem somente da necessidade de se transmitirem os saberes teatrais de determinado estilo ou técnica aos iniciantes, mas também, por vezes, trata-se de questionar determinados modos e saberes estabelecidos, sendo, nesse caso, oriundos da necessidade de busca e pesquisa. A situação pedagógica com atores veteranos ou iniciantes é sempre local de mergulho nos problemas teatrais. Assim, no século XX, vimos os grandes homens de teatro sempre vinculados à pedagogia. As tradições teatrais mais codificadas e elaboradas trazem em si, quase como regra, uma maneira única e particular de suscitar no iniciante um caminho semelhante ou construído sobre bases de sentido semelhante as dos mestres, uma maneira de dar continuidade, uma pedagogia. Mas antes de se falar em pura e simples transmissão, o que vemos nessas tradições é uma dialética entre os conhecimentos instituídos e novas formas de trabalho sobre esses mesmos princípios geradores. E isso não é um privilégio apenas das tradições pedagógicas teatrais. Todas as tradições vivas, folclóricas ou não, se renovam nesse tipo de movimento em que o velho vai dando lugar ao novo sem, contudo, ser negado de todo, ao contrário, sendo a base para novas formas.

No século XX as tradições pedagógicas teatrais euro-americanas se desenvolveram ao lado da própria arte do teatro, sendo, na maioria dos casos, a mola-mestra que impulsionou este último a necessidades e saberes novos. Segundo Cruciani, "se de um lado a escola é o compromisso com o existente (o que é a realidade do teatro), doutro é o lugar onde a utopia assume formas concretas"[1]. Foi na situação pedagógica que Stanislávski e Copeau lançaram as bases de suas artes, puderam desenvolvê-las e perpetuá-las sem, contudo, impô-las como método rígido e caminho único. Esses dois mestres, fundadores de duas das mais importantes tradições teatrais do século XX, tornaram conhecidas as suas pedagogias, muito mais que seus espetáculos. A própria natureza do teatro, efêmero e incipiente, inserido apenas no tempo, mais que no espaço, não permite um legado senão pela rica e infinita possibilidade de recursos que os sistemas pedagógicos constroem para dar origem e continuidade às suas consequentes tradições.

A pedagogia teatral é, na verdade, maior que o próprio teatro. Pois toda arte teatral supõe, antes de tudo, um processo de aprendizagem. Esse processo não se resume apenas a uma simples transmissão de conhecimentos de uma geração à outra, mas em situações íntimas de relações entre gerações, nas quais se constrói, num duplo caminho de conhecimento e descoberta de novidades.

O território fértil do teatro no século XX perpassou ateliês, oficinas, laboratórios e escolas. Stanislávski fundou diversos ateliês, Copeau foi responsável por um marco na história teatral desse século, a escola do Vieux Colombier. Assim foram as escolas de Meierhold e o Actor's Studio, o laboratório de Grotóvski e a escola itinerante de Barba.

1. F. Cruciani, Il teatro pedagogia del novecento, *Registi pedagoghi e comunità teatrali nel novecento*, p.57.

As situações pedagógicas estão ao lado de praticamente todas as tradições que resistiram ao tempo e chegaram até nós em práticas e teorias teatrais. O fazer teatral no século xx parece ter sido muito mais do que construir espetáculos e apresentá-los ao público, foi também o longo processo de edificação de formas de agir e pensar o teatro sobre bases sempre renovadas.

Nesse processo de agir e pensar, a pedagogia foi uma das formas mais usadas para justificar o teatro perante a sociedade, para equipará-lo à categoria de cultura e para compartilhá-lo. Para Cruciani a pedagogia teatral "é uma cultura que se aglutina em torno do fazer teatral como um anel; a circundar com maior capacidade de duração e de penetração do que os frágeis e temporâneos objetos [os espetáculos]"[2]. Continuidade e disciplina são qualidades do processo que encontram na pedagogia toda a situação propícia para seu desenvolvimento. A pedagogia teatral é o cerne sobre o qual se formam diferentes culturas teatrais.

Essas culturas teatrais, no século xx, foram formadas quase sempre sobre bases estéticas bastante diversas, contudo, sobre princípios semelhantes. Formar grupos separados, verdadeiras comunidades, foi um ideal altamente difundido nesse século; além disso, a visão integradora contra as especializações extremadas e a dinâmica antiga de um mestre para cada discípulo integram o rol de elaboração da maior parte das escolas teatrais do século xx no Ocidente. O jogo, a improvisação e a atenção ao uso do corpo são características que também unem diversas tradições numa mesma direção.

A ideia da escola de teatro enquanto projeto teatral foi altamente elaborada, inclusive chegando Copeau a dizer que "escola e teatro são a mesma coisa"[3]. Mas as dificuldades, entre muitas, para concebermos a existência de uma escola de teatro enquanto projeto teatral se resume na ideia não contraditória, na qual se percebe a existência de valores, muito mais do que de conhecimentos específicos. Os princípios éticos que consolidavam e agruparam diferentes artistas cênicos eram mais fortes do que as técnicas que eles desenvolviam.

A busca de leis para a criação artística é sempre uma necessidade que guia o fazer numa direção sempre cheia de percalços. As explicações teóricas são mais no sentido da justificação dos processos ou dos seus aspectos filosóficos do que um auxílio prático ao artista. As grandes contribuições, contudo, da escola de teatro no século passado são justamente no campo da prática, na tênue, mas importante, linha que determina alguns princípios para o trabalho prático, ainda que

2. Idem, p. 56.

3. Copeau, apud F. Cruciani, *Registi pedagoghi e comunita' teatrali nel novecento,* p.57.

esses estejam longe de formarem leis precisas e fechadas. É o caso do trabalho com máscaras de Copeau, do Sistema de Stanislávski, das pesquisas de Grotóvski ou dos estudos de Barba.

É por isso que Cruciani diz que "mais do que pedagogia teatral é talvez útil e correto falar de diretores-pedagogos"[4]. São esses homens que formam, no século XX, o grupo de profissionais que engendram a busca muito contemporânea do "espírito de grupo, de hábitos de vida favoráveis ao ofício, uma atmosfera de formação intelectual, moral e técnica, uma disciplina"[5] .

Esses homens romperam com os vínculos comerciais, com o produto (espetáculo) como objetivo do processo e com o fazer teatral restrito às relações profissionais. Mais que tudo isso, a tradição dos diretores-pedagogos instaurou ou restituiu a arte ao teatro, uma busca para justificar de forma mais profunda e humana o resultado, por meio de um processo que o engloba, além de objetivá-lo. Por esse motivo Cruciani continua, dizendo que a pedagogia teatral

> explicita a busca infinita de encontrar concretude, restituindo à humanidade o seu ser, resultado de uma multiplicidade: dentro do ator, o homem; dentro do ofício, as culturas; dentro do Teatro, a teatralidade; dentro do texto, a representação ou a cena, o artista[6].

Mas como essas tradições chegaram até nós? Como podemos supor uma continuidade entre as ideias desses instauradores de tradições e nossa prática hoje? De que somos herdeiros desses fazeres e de suas ideias não há dúvida, no entanto, não podemos encontrar uma solução de continuidade histórica entre nomes como Stanislávski e Copeau e o trabalho desenvolvido aqui no sul do Brasil no início do século XXI. Ora, foi por caminhos tão tortuosos quanto a diversidade humana que essas ideias e suas respectivas práticas chegaram até nós – muito mais numa reelaboração pessoal do que numa prática imitativa e rígida das ideias e práticas de outrora.

O que interessa, então, e pode contribuir para a compreensão do problema central deste trabalho, nessa grande trajetória de tradições, são as distintas construções que esses diretores-pedagogos realizaram como caminho, em que a consciência foi tomada como processo de criação, tanto deles próprios quanto de seus alunos-atores. É por isso que se podem ver abaixo alguns exemplos mais concretos dessas ideias de consciência nas tradições pedagógicas teatrais.

4. F. Cruciani, Il teatro pedagogia del novecento, *Registi pedagoghi e comunità teatrali nel novecento*, p.64.

5. Idem, p.64.

6. Idem, p.64-65.

STANISLÁVSKI E A CONSCIÊNCIA DA AÇÃO FÍSICA

É provável que nenhum outro trabalho tenha influenciado tanto o teatro euro-americano do século XX quanto o de Stanislávski. É difícil encontrar no Ocidente escola de teatro que não use ao menos como referência os seus escritos. Não só aquilo que escreveu, mas a tradição prática de seu sistema, chegou viva até nós por distintos caminhos e discípulos.

Pode-se dizer que boa parte da base do trabalho teatral no Ocidente é de cunho stanislavskiano. Essa influência se inicia com a emigração de Richard Bolelávski da Rússia para os Estados Unidos. Este havia trabalhado com Stanislávski de 1906 a 1910, e nesse momento o mestre russo articulava sua Psicotécnica. No entanto, Stanislávski continua sua investigação até 1938, chegando a desenvolver esses primeiros resultados em bases bastante distintas.

Bolelávski trabalha com pessoas influentes, como Lee Strasberger, que disseminam o trabalho stanislavskiano na visão de Bolelávski. Somados a isso, os trabalhos escritos de Stanislávski são traduzidos para o inglês com algumas modificações importantes. As palavras *emoção* e *inconsciente*, que não existiam no original em russo, foram acrescentadas, só para se ter um exemplo. Isso implica, provavelmente, uma mudança significativa das intenções originais, uma vez que, na leitura americana, a emoção é a peça fundamental do sistema stanislavskiano e a procura por emoções escondidas no inconsciente, o principal caminho do ator.

A grande influência que se destaca no Brasil é a da primeira parte do trabalho de Stanislávski, reinterpretada pela visão americana. Somente muitos anos depois, o trabalho ulterior de Stanislávski vem a ser conhecido, principalmente por escolas e professores europeus.

De qualquer forma, quer seja pela Psicotécnica ou por seus trabalhos ulteriores, resumidos no Método das Ações Físicas, o sistema stanislavskiano se configurou como um modo importante de pensar e fazer teatro e, em especial, numa tradição pedagógica amplamente difundida, mesmo que nem sempre essa tradição se pareça com as supostas intenções do autor, a não ser em alguns poucos pontos.

O marco principal que a tradição stanislavskiana encerra e abre ao mesmo tempo é a instauração da novidade, em contrapartida à reprodução de modelos prontos. Dentro do pensamento modernista do início do século XX, Stanislávski busca a criação de algo que se contrapõe à tradição do teatro até o século XIX. O teatro em seu tempo consagra os grandes "monstros": atores que expõem sua personalidade muito mais que seu trabalho, num teatro de mero divertimento. O aprendizado do ator euro-americano, até Stanislávski, de modo geral, baseava-se na imitação do mestre. O aluno-ator aprendia com um ator mais velho, que lhe transmitia os passos, os textos e as formas de executá-los passo a passo. Stanislávski, preocupado com a vida criadora do ator, usa a improvisação para ter um acesso consciente ao mundo inconsciente do ator, com o objetivo de lhe conferir organicidade.

O primeiro momento do trabalho stanislavskiano, no entanto, se desenvolve do exterior para o interior. Ele propunha uma gramática exterior, física, uma educação do gesto, dos movimentos, uma ação sobre o comportamento.

Embora, para Stanislávski, a improvisação estivesse muito perto da tentativa de reprodução do cotidiano, para os efeitos necessários ao naturalismo[7] dominante na época, pela primeira vez, sistematiza-se e valoriza-se a necessidade de um contato entre um universo interior e um exterior no trabalho do ator, em detrimento da pura forma, exagerada e mecânica, que a maioria dos grandes atores do final do século XIX e início do século XX usavam, principalmente nos teatros de variedades, nas farsas e melodramas.

Stanislávski passa a usar a improvisação como método de trabalho para o ator. Mesmo na Psicotécnica, baseada na ideia de viver o papel, e na Memória Afetiva usa a improvisação como recurso de construção ou, ainda, melhor dizendo, de reconstrução da personagem. O Método das Ações Físicas, por outro lado, baseia-se completamente na improvisação, abolindo quase inteiramente o trabalho de mesa[8], bastante presente no trabalho anterior de Stanislávski.

O mestre russo, como um diretor-pedagogo inserido no universo do real-naturalismo, acredita no ator como um mediador da realidade, a qual passava, segundo ele, por uma reflexão no trabalho do ator. Foi graças à psicologia profunda do texto de Tchékhov que ele encontra um caminho para o trabalho do ator: viver o natural. Supremo na obra dramática, o ator deve ser sincero no seu comportamento, manifestar suas forças criadoras, adotar um comportamento "normal", dominar sua natureza psicofísica por meio do treinamento, e isso é a manifestação das forças criadoras.

O determinismo social de Stanislávski, deixando em seu sistema transparecer que as circunstâncias determinam o comportamento, estabelece uma série de improvisações a partir das circunstâncias da trama da peça. No trabalho ulterior na cronologia de Stanislávski, chamado de Método das Ações Físicas, repousa o trabalho do ator sobre a ação física e não mais sobre as emoções.

Ele não chega a se desligar do texto previamente escrito por um autor para desenvolver o trabalho do ator. Para ele, este é um intérprete de textos, revelando ao público os conteúdos e intenções do autor.

7. Stanislávski se interessou bastante, também, pelo simbolismo.

8. Por trabalho de mesa, compreendo as sessões de trabalho em que atores e diretor discutem os detalhes do texto a ser montado, sem, contudo, realizar exercícios de improvisação prática. Na primeira parte dos estudos de Stanislávski, esse trabalho parecia ter importância fundamental em seu método.

Assim, as improvisações dos atores durante o processo de preparação da obra devem manter uma coerência em relação aos indícios que o texto original contém.

O Método das Ações Físicas consiste numa sequência de improvisações dividida, basicamente, em três partes: um reconhecimento da ação da peça em que o ator estabelece a fábula e os fatos motores; o estudo das circunstâncias da peça (circunstâncias dadas e imaginadas); e a experimentação nos acontecimentos da peça.

Stanislávski trabalha com a ideia de superobjetivo, que orienta o trabalho do ator, e sobre partituras de ações, ou seja, sobre sequências de ações físicas memorizadas pelos atores, a partir de sua própria criação e que possuem início, meio e fim, respondendo aos indícios encontrados no texto do universo da personagem. Para Sonia Moore "o superobjetivo e o princípio da linha de ações são os pontos aos quais a construção do personagem está subordinada. Cada elemento do Sistema de Stanislávski está subordinado a eles"[9].

Assim que conclui a improvisação, o ator deve avaliá-la questionando o que fez, por que fez e o que o levou a fazê-lo. Existe nesse processo uma tentativa de resolução pela razão. Toda ação se justifica por impulsos interiores; o ator compara seus impulsos com a coerência da personagem, e essa identificação seria responsável pela verdade cênica. Stanislávski acreditava, ainda, existir um comportamento elementar que seria comum a todo ser humano, o qual ele denominava de processos orgânicos. Só depois de passar por esse nível primeiro, o diretor fazia interferências para liberar novos conhecimentos da peça. Cada detalhe é introduzido ao ator com a seguinte pergunta: "Se você estivesse nesta circunstância, o que faria?". O trabalho de analogia, então, é uma das bases de seu método, pois o ator não só experimenta as circunstâncias do personagem, como também imagina as circunstâncias que o fariam agir como o personagem.

Enfim, o sistema stanislavskiano supõe uma tentativa de articulação do inconsciente por métodos conscientes, pautada no alinhamento de uma coerência entre a ação improvisada pelo ator e a proposta dramatúrgica.

Essa dinâmica de avaliação do processo de improvisação, de estudo da coerência da ação a partir da proposta dada e a ênfase na circunstância como desencadeadora de toda ação resumem de modo geral esse sistema e vão influenciar o trabalho do professor de teatro e/ou dos diretores-pedagogos de maneira definitiva.

No Brasil, um fato vai gerar um desenvolvimento acentuado nessa direção: a tradução de *Improvisation for the Theater*, de Viola Spolin, pela professora Ingrid Dormien Koudela, da Universidade de São Paulo.

9. S. Moore, *The Stanislavski System*, p. 50.

O método de Spolin se configura como um dos poucos trabalhos práticos levado ao conhecimento do professor de teatro, no Brasil, de acesso fácil, linguagem simples e de resultados plenamente possíveis. É estruturado sobre a resolução de problemas, organizados desde níveis bastante simples até os mais complexos. Segundo a autora, esses problemas dizem respeito a técnicas teatrais; e isso não é uma inverdade, pois eles se baseiam nas circunstâncias, ao gosto stanislavskiano, sintetizadas nas palavras que agrupam os exercícios de: "onde, quem e o quê".

Num caminho um pouco diverso, Mikhail Tchékhov publica em 1952 (na edição americana) o livro *Para o Ator*. Nessa obra faz uma síntese de seu sistema. É curioso perceber que, embora dentro da tradição de Stanislávski (Tchékhov trabalhou dezessete anos no Teatro de Arte de Moscou), ele dá uma ênfase diferente ao corpo, principalmente quando trabalha com o conceito de *irradiação*, que aparentemente irá se conectar com as ideias de *dilatação*, de Barba. Contudo, essa "tendência" não se distancia das preocupações dos últimos anos de Stanislávski. De mesmo forma, a influência do trabalho de Eugenio Kusnet faz-se sentir, principalmente, no centro do país.

Antes de se fazer um panorama exaustivo dos discípulos do mestre russo, o que não é objetivo deste trabalho, cabe dizer que, embora numa classificação redutora e meramente didática, sob o ponto de vista da abordagem prática do processo criativo do ator, é na *circunstância* que a tradição stanislavskiana irá, em diferentes graus, firmar suas bases.

Não podemos, e nem é meu objetivo aqui, afirmar que essas eram as intenções de Stanislávski, mas avaliar as ideias e práticas atribuídas à sua tradição.

Como se pode ver, a tradição inspirada na obra de Stanislávski toma a questão da consciência como a parte objetiva do trabalho, julgando que dessa forma estados internos podem se expressar. Consciência parece ser quase sinônimo de razão. A questão da transição entre criação e reapresentação é, pela primeira vez, tratada segundo a perspectiva da ação física, ou seja, um critério objetivo para tratar a subjetividade.

Toporkov, em uma das principais contribuições sobre o trabalho de Stanislávski, relata que o diretor russo afirmou nos últimos anos que o ator deveria "ter em conta que não se pode recordar e fixar os estados anímicos, mas sim, a linha de ações físicas; fixá-la na memória corporal e fazer com que o ator possa assimilá-la e que lhe seja familiar"[10].

A tradição de Stanislávski, então, une a ideia de consciência ao corpo.

10. V. O.Toporkov, *Stanislavski in Rehersal*, p. 173.

COPEAU E A VIA NEGATIVA

Copeau foi tão importante para o teatro euro-americano quanto Stanislávski. Teve acesso ao trabalho deste último e com certeza poderemos encontrar pontos em comum entre ambos. Nunca viu os espetáculos de Stanislávski, mas o reconheceu como mestre em sua pedagogia. No entanto, Copeau instaura um caminho diverso daquele trilhado por Stanislávski e seus discípulos: a *via negativa*.

Essa via consiste basicamente em processos de eliminação dos bloqueios do ator. O trabalho do diretor-pedagogo, nessa acepção, é vinculado à capacidade de identificar o que obstaculiza o processo criativo do ator e promover um tangenciamento proposital.

Como Stanislávski e tantos outros, Copeau preocupava-se com a renovação do teatro que, em sua época, na França, estava mergulhado na ambição comercial. Sonhava retomar o ator lúdico da *Commedia dell'Arte* e do circo. Para Carlson, ele "embora desprovido da postura de vanguarda, tão popular nos manifestos artísticos da época, apresenta um programa claro e até mesmo, em certos aspectos, revolucionário. Copeau deplora a moderna situação do teatro, entregue ao comercialismo, ao sensacionalismo e exibicionismo barato, à ignorância, à indiferença e à falta de disciplina"[11].

Um dos aspectos revolucionários era o uso da improvisação. Usava esse recurso não só como método, mas na tentativa de ressuscitar o gênero improvisado com personagens do seu tempo. Não acreditava, necessariamente, no texto como ponto de partida, mas como resultado do processo, na formação do ator ou na elaboração do espetáculo e desejava uma nova teatralidade.

A máscara, para Copeau, segundo Leabhart, era uma volta às origens, ao ator xamã, ao sentido primitivo do teatro. Ele a compreendia não apenas como um suporte de expressão, mas como um instrumento poderoso de conexão com o universo interior do ator.

De todos os aspectos, interessa salientar que Copeau inaugurou, ao lado de Stanislávski, uma grande tradição pedagógica teatral; ao contrário do colega russo, Copeau tentou minimizar os processos racionais como elemento analítico no trabalho do ator. O diretor francês busca um estado de neutralidade, no qual os aspectos cotidianos, inclusive o pensamento, deveriam dar lugar a uma vida criadora. A neutralidade seria condição para a criação. Esse aspecto iria, anos mais tarde, ser reeditado por Grotóvski nas suas pesquisas, na Polônia, embora o polonês fosse nitidamente herdeiro do trabalho stanislavskiano e influenciaria Barba e outros grandes diretores, como Peter Brook.

11. M. Carlson, *Teorias do Teatro*, p. 329.

Essa tentativa de iniciar por algo não verbal, por um estado mais primitivo, no qual os processos racionais estão minimizados ao máximo, embora presentes, é justamente o ponto fundamental que distingue as duas tradições pedagógicas teatrais instauradas no século XX. De um lado, Stanislávski e a consequência de seu trabalho acreditam na consciência como método que domina e controla o fluxo de vida criador; e, de outro, a tradição, instaurada por Copeau, tenta minimizar a razão e, em particular, o pensar do processo, para que algo mais profundo que a consciência superficial venha a emergir.

Ambos buscam o mesmo: a organicidade das ações do ator. Tanto um quanto outro trabalham com métodos precisos nos quais o ator deve ter plena consciência do que realiza. No entanto, existe um ponto discordante que inaugura tradições e reflete na prática teatral, hoje duas posturas que se inter-relacionam e na maioria das vezes se confundem; a tradição stanislavskiana inicia do exterior e, para buscar organicidade, faz internalizar os comportamentos, enquanto a tradição de Copeau faz nascer algo orgânico que deve ser formalizado *a posteriori* num comportamento passível de repetição. Trata-se de uma consciência analítica e de uma consciência difusa.

A prática do trabalho com máscaras em geral, e o *clown* sendo apenas uma delas, faz-me lembrar do terrível mistério que ainda me assolava quando era aluno no curso de graduação em teatro, nas aulas de improvisação, com ou sem máscara, da professora Maria Helena Lopes, ou das aulas do francês Philippe Gaulier, anos mais tarde. Gaulier foi professor na escola de Jacques Lecoq, onde Maria Helena também foi aluna. Lecoq, alerta Elizabeth Pereira Lopes, "aprendeu o método de Copeau através de Jean Dasté"[12]. Este, por fim, foi ator de Copeau. Mas o mistério a que me refiro era a satisfação e a curiosidade em que nos encontrávamos para resolver os pedidos e orientações dos professores que pouco ou quase nada diziam a respeito do que fazer, apenas daquilo que não funcionava no que fazíamos.

Não pensar, não premeditar, não entrar na improvisação com algo já determinado, essa era a orientação de Maria Helena, Gaulier, Burnier e tantos outros professores com quem trabalhei. A ação deveria ser fresca e surpreendente, inclusive para quem a realizava, não apenas para o público. O demasiado controle era visto como algo prejudicial e parasitário ao fluxo de vida criador.

Passo a descrever um aspecto marcante. Era a sensação de estar perdido, de não saber o que se passava, nem o que o professor desejava que fizéssemos. Num trabalho com máscara neutra[13], lembro que

12. E. P. Lopes, *A Máscara e a Formação do Ator*, p. 40.

13. O termo "máscara neutra" se refere a uma máscara muito usado no aprendizado dos atores. Objetiva neutralizar a expressão facial do ator para enfatizar aspectos expressivos do corpo, entre outras coisas.

devíamos "calçar" a máscara voltados para a parede e depois virar lentamente e caminhar em direção à professora. Somente isso era a orientação, não havia temas ou indicações a que estávamos acostumados. Ao realizar a tarefa, a professora dizia "fulano não está com a máscara", "beltrano está espiando pela máscara" e assim por diante. Quem era citado voltava imediatamente e, embora fosse muito instigante, era penoso não ter quase nenhum resultado e, quando se tinha, pouco se sabia o que havia acontecido.

Na época não compreendia, mas anos mais tarde percebi que isso dizia respeito às minhas primeiras experiências com a *via negativa*. O termo introduzido por Copeau refere-se ao método muito usado de eliminação. É pela supressão de tudo o que obstaculiza o processo do ator que o diretor-pedagogo atua. Não se enfatizam as ações que funcionam ou os momentos de plenitude, mas, sim, aquelas que não servem à atuação ou à proposta estudada.

Com a mesma natureza de minhas impressões está o relato de Thomas Leabhart, que, como Burnier, foi discípulo de Decroux, que por sua vez foi aluno de Copeau e um dos renovadores do teatro no século XX. Leabhart conta sobre "as aterrorizantes improvisações" com "instruções enigmáticas"[14] solicitadas pelo mestre Decroux às sextas-feiras, à noite. Depois conclui que "o que Decroux queria, [...] era um estado no qual o ator estudante estivesse relaxado, porém alerta, extremamente presente no momento e suspenso sobre o fio da navalha que separa o movimento da imobilidade"[15].

Esse estado se atingia, segundo Copeau, pela tentativa de minimizar a razão, mas não uma eliminação descontrolada e caótica; ao contrário, ao mesmo tempo, o método de Copeau e seus discípulos encoraja um vazio de pensamento para aí instalar a criação plena, e isso requer um controle absoluto. Segundo Leabhart: "enquanto, de certa forma, o ator se deixa levar, ele está também sob controle. Cole chama de 'uma consciência duplicada que descobrimos ser característica da experiência de possessão'"[16].

Parece, assim, que a tradição instaurada por Copeau pensa e age sobre a consciência de modo particular, espera que pela eliminação dos obstáculos cotidianos possa emergir uma consciência extracotidiana. Algo mais perto do inconsciente que seja capaz de sustentar a atuação sem "parasitas" cotidianos.

Se Stanislávski acreditava na consciência e na razão analítica como caminho para o inconsciente, Copeau instaura a ideia da mi-

14. T. Leabhart, The Mask as Shamanic Tool in the Theatre Training of Jacques Copeau, em *Mime Journal 1995*, p. 82-85.

15. Idem, p. 85.

16. Idem, p.102.

nimização da consciência sem perda de controle como caminho para atingir um estado pleno e vivo.

O *CLOWN*

Este não é um trabalho sobre o *clown*. No entanto, a pesquisa que realizei se concentrou nessa linguagem e no seu entorno como uma exemplificação do modo como a consciência do ator trabalha no caminho e transcurso da criação. Somente com o objetivo de localizar o leitor no assunto, vou brevemente tentar descrever do que se trata.

O *clown* não é apenas uma linguagem, é, também, uma forma de olhar o mundo, de se reconhecer humano e de reconhecer essa humanidade nos outros. O *clown* está ligado ao cômico, mas não se reduz a ele; ao contrário, o transcende.

O cômico é o que provoca o riso. Tradicionalmente essa afirmação é sustentada pelo senso comum e, muitas vezes, nos meios artísticos e intelectuais. Todavia, é possível considerarmos outros fatores relacionados ao cômico e ampliarmos esse conceito além das fronteiras do riso ou do risível. Cômico, também, pode ser o relativo à comédia e, portanto, temos novamente como resultado o riso. Segundo Propp: "o riso ocorre em presença de duas grandezas: de um objeto ridículo e de um sujeito que ri – ou seja, do homem"[17]. A frase de Propp esclarece a necessidade da presença humana em torno do fenômeno do riso, uma vez que esse autor defende a ideia de que o cômico é uma natureza de valor, assim como o belo, que o homem emprega a determinados objetos ou situações, dependendo das relações mentais que estabelece. Assim, o riso não é um processo natural à medida que o cômico é uma articulação de significados construída pelo homem. Então, só é cômico o que é humano. A questão da humanidade, devo frisar, na análise de processos e procedimentos cômicos, é de vital importância, pois sem esse elemento não há comicidade. Dessa forma, uma senhora distinta que cai na rua, um objeto qualquer ou uma obra de arte podem ser cômicos, mas um mineral, um vegetal ou a natureza na sua forma primeira dificilmente terá algum caráter cômico.

Voltemos, então, à colocação de Propp e detenhamo-nos na palavra *ridículo*.

O ridículo está intimamente ligado ao cômico, e assim poderíamos pensar necessariamente no riso. Necessariamente, mas não exclusivamente, pois, conforme defendo a seguir, o cômico poderá suscitar outras reações além do riso, calcadas no patético e no *nonsense*, ambas emanadas do ridículo.

Seria inexequível tentar abordar todas as relações referentes ao cômico, bem como fazer levantamento de todas as teorias que formu-

17. V. Propp, *Comicidade e Riso*, p.31.

Burnier como Cafa, em *Valef Ormos*, Lume, 1991. Linoleogravura de Ernani Chaves.

lam explicações a respeito desse fenômeno. Por isso, reduzo meu estudo ao aspecto dos procedimentos, que carregam em si a ideia da intencionalidade, pois distinguem-se dos processos, que ocorrem naturalmente, por exemplo. Um político que esquece o seu discurso, provocando riso ou constrangimento na plateia, participa de um processo ou situação cômica, assim como a caricatura desse mesmo político, feita em papel e grafite por um desenhista, é um procedimento cômico.

Muitos procedimentos dessa natureza dizem respeito às obras de arte. São cômicos os filmes de Chaplin, O Gordo e O Magro, Buster Keaton, entre outros; as comédias teatrais, como *Tartufo*, de Molière, ou *Muito Barulho por Nada*, de Shakespeare, ou as esculturas caricaturais de Honoré Daumier, no Museu d'Orsay. Ainda podemos encontrar procedimentos cômicos em publicidade, educação ou programas de TV.

O *clown* é um desses procedimentos referidos que tem no seu cerne uma contemporaneidade muito presente, à medida que revela uma intensa humanidade.

Em algumas línguas a palavra *clown* pode ser traduzida como palhaço. Porém, interessa-nos fazer uma sutil diferenciação entre as duas figuras. Palhaço vem do latim *paglia*, que significa palha e faz referência ao revestimento que os palhaços usavam no corpo para aliviar as quedas. *Clown* vem de *clod*, que significa camponês, ou seja, rústico, tolo. Segundo Luiz Otávio Burnier, "o palhaço é hoje um tipo que tenta fazer graça e divertir seu público por meio de suas extravagâncias; ao passo que o *clown* tenta ser sincero e honesto consigo mesmo"[18].

Historicamente, o *clown* está ligado à baixa comédia grega e romana. Havia na Antiguidade uma suposta alternância entre trágico e cômico. Nos festivais gregos de teatro em honra ao deus *Dioniso*, após a apresentação das tragédias, seguia-se ao menos uma comédia. Na Idade Média, nas festas religiosas e principalmente em eventos populares, menestréis, bufões e bobos satirizavam acontecimentos sérios.

Para Burnier, "esta combinação do cômico e do trágico acentua a percepção de emoções contrapostas e é muito peculiar ao *clown*. Para Shklóvski, o *clown* faz tudo seriamente. Ele é o homem assumindo sua humanidade e sua fraqueza, e por isto tornando-se cômico"[19].

O *clown* é encontrado quase sempre em dupla e representa microestruturalmente as relações de toda a sociedade contemporânea. A dupla é formada pelo *clown* chamado "branco", aquele que pensa ser esperto, o intelectual, o que domina, e quase sempre veste roupas elegantes; e pelo *clown* "augusto", que é o bobo, o estúpido, sempre sujeito aos desmandos do branco.

18. L. O. Burnier, *A Arte de Ator*, p. 246.
19. Idem, p. 246.

Assim como os bufões e bobos da Idade Média e as máscaras da *Commedia dell'Arte*, o *clown* tem como essência colocar a estupidez ou o ridículo humano em evidência.

Essas figuras bizarras e grotescas da referida época não eram atores na acepção que conhecemos, pois não interpretavam ou representavam um personagem; ao contrário, eram bufões por toda a vida, mesmo porque suas deformações corporais não eram efeitos artificiais e, sim, deficiências físicas reais.

Para Pierre Byland "o *clown* é a expressão do humor de uma pessoa, que pode se tornar teatral ou não, mas o ponto de partida do *clown* está ali, num humor que pode ser trágico, negro, ou ainda absurdo ou bizarro"[20].

Na *Commedia dell'Arte*, nos séculos XV e XVI, os atores ambulantes especializavam-se em uma só máscara por toda a vida. Raramente um mesmo ator jogava mais de uma máscara, pois os espetáculos eram improvisados; seguia-se apenas o *canovacci*, um roteiro básico das entradas e saídas de cena, o qual continha os acontecimentos necessários à trama.

Nesse gênero popular uma figura iria certamente se desenvolver no *clown* moderno: o *zanni*. Os zannis, ou servos, eram responsáveis pelas partes cômicas e muitas vezes apareciam em duplas. Um usava basicamente a astúcia, é o caso do Brighella; e o outro era o tolo, conhecido como Arlecchino.

O circo moderno, como conhecemos hoje, teve seu início quando Philip Asteley, em Londres, em 1768, descobriu a força centrífuga do picadeiro circular, com o número dos cavaleiros que simulavam camponeses simplórios e astutos.

Com o advento do cinema no final do século XIX, o *clown* encontrou um terreno fértil para o seu desenvolvimento. A maneira de trabalhar com a realidade fotográfica, a riqueza de efeitos e a possibilidade de focalizar detalhes e sutilezas fizeram do cinema um dos melhores caminhos para a expressão absurda e ridícula do *clown*. Max Linder foi o primeiro *clown* do cinema. Já nos seus filmes ficava claro o uso da tradição e do desenvolvimento do assunto clownesco.

Contrários aos comediantes, os *clowns* criaram tipos únicos que muitas vezes possuíam seus nomes próprios, é o caso de Stan Laurel e Oliver Hardy. Como diz Luiz Otávio Burnier, "Carlitos é o *clown* de Chaplin, pessoal e único, não importando se desempenha o papel de *O Grande Ditador*, do vagabundo de *O Garoto*, ou do operário em *Tempos Modernos*"[21].

Dentro do trabalho clownesco algumas noções se fazem necessárias para que o aluno-ator seja capaz de improvisar em estado clownesco. O

20. P. Byland, em A. Viganò, *Nasi rossi*: il clown tra circo e teatro, p. 46.
21. L. O. Burnier, op. cit., p. 251.

desenvolvimento da noção de "tempo clownesco" é um deles. O *clown* age e pensa um pouco mais lento que o agir e o pensar cotidiano, o que caracteriza a sua ação. A "personificação das coisas e partes do corpo" é outra noção importante. Em geral, o *clown* tem pouco controle sobre o mundo que o cerca, e sua ação está mediada por este pensar animista. Por fim, as relações "branco *versus* augusto" são fundamentais para a compreensão do estado clownesco e sua consequente ação. Como já mencionamos, o *clown* branco é aquele que manda, o dominador – é ridículo na sua tentativa de não parecer estúpido. O augusto, ao contrário, é mais ingênuo e sem nenhuma esperteza. Não possui discernimento sequer para tentar esconder seu lado ridículo. Na famosa dupla O Gordo e O Magro, o primeiro era um exemplo de *clown* branco e, o segundo, de *clown* augusto.

A característica que destaco no trabalho clownesco é a personalização ou o caráter único do *clown*. Para Byland não existe uma gramática do *clown*: "cada pessoa usa o seu humor, que em seguida deve reinventar teatralmente para se tornar um *clown*"[22]. Por isso o trabalho do *clown* é tão único e pessoal, distinto do trabalho interpretativo da tradição teatral euro-americana. Essa característica é que possibilita o uso do *clown* em diversas dimensões: como treinamento de atores em escolas de formação ou como técnica específica com a qual os atores podem construir linguagens para espetáculos. Nesses últimos, os *clowns* podem aparecer como eles próprios em determinadas situações ou números, ou podem, ainda, representar um papel, o *clown* representando um personagem fictício. Um exemplo bem fácil de entender é Carlitos, o *clown* de Chaplin, que pode aparecer ora como ele próprio, um vagabundo, ora como um personagem determinado, o grande ditador, por exemplo. Nesse último caso não deixa de ser o *clown*, trata-se de uma metalinguagem.

O nariz, considerado a menor máscara do mundo, modifica a expressão facial do ator e conduz a uma expressão ridícula. Isso é obviamente um traço cultural, pois culturas que não possuem palhaços não acharão ou entenderão o nariz vermelho risível. Entretanto, para nós, o *clown* é cômico porque faz coisas sérias de forma atrapalhada, desconcertante e rompe o cotidiano. Nessa tentativa de fazer coisas sérias descobrimos coisas que queremos encobrir, e isso nos torna ridículos. Ri-se daquilo que o *clown* quer esconder.

O exercício principal que trabalho com os iniciantes a *clown* é o Picadeiro[23], no qual se constrói um jogo. O professor-diretor é o dono do circo, e o aluno-ator é o *clown* que vem pedir emprego no circo. O *clown* deve realizar todas as tarefas que o dono do circo pedir, por mais absurdas e ridículas que lhe pareçam. Nesse jogo de fazer e

22. P. Byland, em A. Viganò, op. cit., p. 46.
23. Uso este exercício a partir de minha experiência com Luiz Otávio Burnier.

não fazer, o aluno vai encontrando reações que constroem estados em constantes transformações.

O trabalho que realizei com o grupo de alunos teve três partes: uma primeira, dedicada a exercícios para despertar o ridículo, construindo elementos para cada ator individualmente; uma segunda, caracterizada pelo exercício do Picadeiro, no qual ocorre uma desmontagem de tudo o que foi construído em função do estabelecimento de um estado clownesco; e uma terceira, na tentativa de usar esse estado em pequenas cenas para apresentação pública.

Preciso sublinhar uma diferença sutil entre o que chamo de estado e as ações correspondentes. É comum rirmos de um *clown*, mesmo que ele não faça nada, mesmo não tendo ação. O *clown* exemplifica a existência desses "estados" no trabalho do ator. Isso pode ser explicado de duas formas. Na primeira poderíamos compreender que esses estados se caracterizam por microações que, embora não sendo perceptíveis ao observador, existem no corpo do ator, ocasionando um fluxo de energia que altera a presença cotidiana e resulta numa alteração da percepção que o observador tem do ator. Uma segunda explicação poderia ser entendida como o resultado da ação, nesse caso, um conjunto de ações físicas provocaria como resultado o acionamento de determinadas energias corpóreo-vocais, que configurariam, então, a percepção de um estado alterado no corpo do ator.

De qualquer forma, entendo que a construção desses estados é decorrência de determinadas ações, no entanto, uma vez experimentados, podem prescindir das ações ou dos exercícios que a originaram.

Os exercícios para a construção do *clown* não se configuram como um método, tampouco um receituário que possa ser seguido passo a passo, antes, são princípios de trabalho prático que utilizo, adaptados principalmente de meu contato com Burnier e Gaulier. Vejamos os exercícios principais.

Nestas oficinas de iniciação ao *clown* costumo usar exercícios físicos, como alongamento, fortalecimento, motricidade e exercícios lúdicos, como brincadeiras e jogos para um aquecimento do corpo e de um estado de prontidão para principiar o *clown*. Não vou descrevê-los, pela ampla diversidade de possibilidades que esses exercícios possuem.

Os exercícios específicos para a iniciação clownesca partem de um jogo geral no qual, em todos os encontros, eu represento Monsieur Loyal, o dono do circo, enquanto os alunos atores são os palhaços que desejam trabalhar no meu circo. Cada aluno só se tornará *clown* se conseguir o emprego; então, desde o começo acordamos que não importa o que Monsieur Loyal pedir, eles terão de executar a qualquer custo, sob pena de não se tornarem *clowns*.

Isso acordado, passamos a uma diversidade de exercícios para tentar expor o aluno a situações ridículas, tentando confundir a figura e ele próprio. Assim, numa primeira fase, proponho alguns exercícios com o uso do nariz vermelho e outros sem.

Quase sempre inicio com o exercício de calçar a máscara, que consiste em grupos de quatro alunos que vão ao espaço cênico da sala e, virados de frente para a parede, colocam o nariz vermelho e muito lentamente voltam-se para a plateia. Ao virarem-se na nossa direção, os demais alunos e eu estamos obviamente olhando-os, e como não há nenhuma outra indicação do que fazer, isso já lhes causa um certo incômodo, um constrangimento. Após alguns instantes, começo a descrever os defeitos de cada um de forma irônica. Chamo a atenção para a roupa, para as orelhas, para a forma como deixaram os pés (para fora, para dentro) e começo a achar apelidos ou a destinar lugares donde teria vindo cada um, por exemplo, de outro planeta, do zoológico. Procuro fazer inversões, como chamar de magro alguém que é gordo, de anão alguém que é alto e assim por diante.

Uma série de exercícios dessa natureza se segue. Por exemplo, imitar uma máquina de café da década de 1950 ou dar um susto na plateia, ou ainda, carregar um piano imaginário. De qualquer forma, importa nesses exercícios verificar que elementos atingem o aspirante a *clown*, para poder usar desses elementos na tentativa de expor seus aspectos ridículos.

A essa bateria de exercícios acrescento um outro grupo que é o das imitações: imitar um guarda de trânsito, uma babá que cuida de cinco crianças que choram ao mesmo tempo ou um cantor.

Ao lado desses exercícios trabalho também em grupos. Por exemplo, chegamos numa festa ou estamos numa antessala de um dentista, o que acontece?

Depois desses exercícios nos quais os alunos acumularam uma série de ações e reações, através de minhas intervenções, dizendo o que funciona e o que eles não devem repetir, já existe um número considerável de possibilidades. Nesse momento, proponho vestir o *clown*. Cada aluno deve trazer de casa ou tomar emprestado do guarda-roupa da escola tudo o que achar engraçado ou ridículo, não importando se imagina usar ou não, chapéus, sapatos, guarda-chuvas, calças, camisas, casacos, entre outros.

Faz-se uma espécie de feira na sala de aula, e cada aluno escolhe algumas peças com as quais acha que seu próprio *clown* se vestiria.

Uma vez vestidos, inicio uma apresentação que culmina com a escolha dos nomes dos *clowns*. Às vezes já houve uma escolha de apelidos para os alunos logo nos primeiros encontros; então, depois da apresentação de cada um devidamente vestido, eu indico o que funciona nos figurinos e o que não funciona, e todos os demais dão ideias para melhorar os figurinos dos colegas, um a um. Confirmamos o apelido do aluno como nome do *clown* ou, caso não seja adequado, propõe-se outro. Nessa brincadeira, a maioria logo percebe que o jogo é escolher um nome com o qual o *clown* fique contrariado, porque acha ridículo ou feio.

Uma vez com figurino e nome, proponho alguns exercícios a mais, semelhantes aos iniciais, dessa vez com o *clown* "montado" para ver como funciona.

Assim, finda a fase inicial de construção do *clown* e tudo aquilo que foi construído, ou ao menos parte do que foi construído, será desfeito, através da *segunda* fase de construção, o ponto principal da iniciação do *clown*: o Picadeiro.

O Picadeiro visa a desfazer os trejeitos e as ações que não respondem a um estado cômico exitoso para o *clown*, além de dar-lhe uma espécie de batismo simbólico.

Esse exercício consiste em propor a cada aluno que venha para uma entrevista com Monsieur Loyal, com o objetivo de conseguir um emprego no circo. Assim, o candidato terá de apresentar tudo o que sabe fazer – dançar, cantar, representar –, para lograr uma vaga. Obviamente, nada do que for apresentado será de imediato do agrado do dono do circo que, ao ver uma dança, provavelmente dirá: "eu não contrato dançarinos", obrigando o candidato a inventar outras alternativas até que se esgotem as possibilidades mais conhecidas do aluno, e ações mais profundas comecem a aparecer.

No Picadeiro, que pode durar de uma a duas horas para cada candidato, procuro usar informações pessoais que recolhi até então de cada aluno, confundindo o universo do *clown* com o dele próprio. Assim, é comum usar, por exemplo, perguntas sobre a vida pessoal ou solicitar relatos sobre a infância, entre outros.

O Picadeiro tenta provocar um estado de "revelação" no qual coisas escondidas e veladas da personalidade do aluno vão sendo mostradas. Assistir a essa iniciação já é uma tarefa difícil, pois se observa que os alunos já se encontram num estado alterado ao observar os colegas e saber de suas fragilidades.

Se o Picadeiro, de certa forma, desconstruiu tudo o que foi elaborado até então, é hora de reconstruir novamente, por isso, na terceira fase do trabalho, proponho que se recupere esse estado conseguido no Picadeiro em improvisações com objetos, em tentar mostrar a relação branco *versus* augusto ou na dificuldade com partes do corpo, que depois poderão ser transformadas em pequenas cenas. Acrescento, também, um passeio de *clown*, que consiste em determinar uma tarefa para um grupo de *clowns* realizar fora da sala de trabalho, ir comprar algo no supermercado, por exemplo. Esse passeio possibilita um contato com o público de forma impactante, pois deixa os *clowns* praticamente desprotegidos da segurança do grupo.

Eis o problema que começa a aguçar minha curiosidade: a dificuldade da grande maioria em recuperar esse estado, agora noutro momento e noutra situação.

2. O Sujeito Extracotidiano

A pergunta que pauta a pesquisa que aqui apresento foi gestada a partir de minha curiosidade sobre a dificuldade dos *clowns* iniciantes de retomarem as conquistas de estados e ações criadas no Picadeiro. Ao perguntar sobre como se configura a consciência das primeiras elaborações do ator até a apresentação diante do público, pergunto sobre o processo de construção do próprio sujeito de conhecimento implicado nessa questão.

Se as tradições pedagógicas teatrais nos ensinaram a pensar a consciência de dois modos distintos e solidários, de um lado entendendo a consciência como uma capacidade racional do ator que conduz à criação; e, de outro, tentando minimizá-la para, de posse de outro estado, poder também encontrar o fluxo de vida criador, podemos nos perguntar: qual o papel da consciência no trabalho do ator? Como ela se manifesta e age sobre o sujeito que cria? E como esse sujeito se torna construtor de uma consciência capaz de conduzi-lo à criação e fazê-lo perceber os mecanismos dessa criação a tal ponto que seja possível retomá-la no futuro?

O primeiro problema com que me deparei foi o de reduzir a atividade desse sujeito ao pequeno quadro de possibilidades que o mundo euro-americano engendrou e classificou como “o trabalho do ator”. Quando uso a palavra ator, uso um conjunto de ideias que tendem a delimitar a atividade teatral a um circuito restrito de práticas e concepções. Tais ideias vinculam o ator à interpretação de textos dramáticos ou à personificação. Outras manifestações, que não o teatro euro-americano tradicional, estariam fora dessa compreensão, inclusive os rituais, reconhecidamente ligados ao teatro, não participariam dessas definições mais recortadas, nas quais usamos a palavra ator para designar o seu praticante.

No entanto, quando pergunto sobre a tomada de consciência no processo deste ser humano que a tradição euro-americana convencionou chamar ator, indago, na verdade, sobre os processos vitais que nos fazem humanos. Pergunto sobre como é possível alguns seres humanos reconstruírem a vida para, em contato com outros seres humanos, celebrarem as fronteiras e limites entre o sujeito e a alteridade.

Mas o que demarca a diferença, então, entre a vida ordinária dos seres humanos e isso que convencionamos chamar de teatro? Ou, para ser mais abrangente e não tão etnocêntrico, a atividade extracotidiana organizada como prática social de relação entre os humanos.

Para os gregos, a ação dramática da tragédia se constituía na ação de um personagem *superior* aos seres humanos comuns, comumente heróis, deuses e semideuses, enquanto na comédia viam-se personagens *inferiores*. Para Bender: "se a tragédia apresenta o herói coincidindo em sua estatura com um padrão médio ou superior, no dizer de Aristóteles, a comédia o mostra abaixo daquele padrão. Sua inferioridade resulta, portanto, de um defeito ou falha. Tais falhas, porém, são risíveis por sua insignificância"[1].

As noções gregas, berço ocidental do teatro, marcam essa diferença entre o cotidiano da vida e o extracotidiano do teatro. Mas o que definimos como extracotidiano em oposição à vida comum do dia-a-dia? Na vida, esse dia-a-dia pode ser entendido como o cotidiano, enquanto o extraordinário é tudo aquilo que interrompe esse cotidiano com a surpresa. Nesse sentido, o *espetacular*, como prática organizada de dedicar ações sistemáticas e carregadas de significado ao convívio social, configura-se num importante meio de irromper o cotidiano.

Se o cotidiano é essa dimensão banal e repetível da vida em que vivemos, quase sempre destituída de visibilidade, que atividades caracterizamos como extracotidianas? Obviamente, é imersa em nossa cultura específica que cada sociedade constrói formas de estabelecer fronteiras entre o cotidiano e o extracotidiano. Segundo Bião[2], tornamos nossos comportamentos cada vez mais complexos para atender nossos desejos mais elementares e assim criamos formas de "chamar a atenção" do outro. A essa maneira de comunicação podemos nomear de comportamento espetacular. Portanto, é o olhar do outro, a relação com o outro que estabelece o que é espetacular.

1. I. Bender, *Comédia e Riso*, p. 34.

2. A. Bião, Estética Performática e Cotidiano, *Performáticos, Performance & Sociedade*, p.13.

Esses comportamentos espetaculares, quando organizados socialmente, resultam em manifestações simbólicas, como o teatro, a dança, as procissões, os rituais religiosos, as manifestações políticas, os esportes coletivos e tudo aquilo que o comportamento humano organiza para dar a ver a outros humanos.

A pergunta que se desdobra dessas considerações é: quem é o sujeito ou os sujeitos desse comportamento espetacular?

Na pesquisa que realizei pude levantar alguns argumentos para esse debate, considerando essa investigação como uma possibilidade de saber sobre o sujeito extracotidiano envolvido nas atividades espetaculares. O ator, assim, é um exemplo desse sujeito extracotidiano, não abarcando todas as suas possibilidades.

Mas quem é esse sujeito? Como ele se constitui? O que caracteriza o sujeito extracotidiano? Não há, talvez, tarefa mais difícil, pois o sujeito, num sentido geral, e a sua constituição não podem ser resumidos ou sintetizados, e a noção de sujeito continua no decurso da tradição euro-americana, uma busca com diversas aproximações, sem, contudo, uma resposta definitiva. Enquanto diverso do indivíduo, o sujeito permanece sempre como uma hipótese, sem ser possível a sua concretude. De outro lado, o indivíduo é concreto, sou eu, é você, carrega a identidade singular e única da individualidade, embora constituída e atravessada por múltiplos *outros* dos quais somos *parceiros*.

Assim, o sujeito extracotidiano não pode ser conceituado, tampouco a controvérsia em torno dessa noção pode ser resolvida. Para cercar o problema principal a que me dedico, o leitor terá que se contentar com uma ideia aproximada de sujeito extracotidiano.

Parece consensual que esse sujeito não surge *ex abrupto* na vida cotidiana. Ele se constitui numa complexa rede de atividades e fenômenos que obviamente explicitam a vida tanto em sua dimensão social quanto biológica.

A ideia que vou defender é a da continuidade funcional e da ruptura estrutural entre o sujeito cotidiano e o sujeito extracotidiano. Essa continuidade e essa ruptura demonstram que posso considerar o sujeito extracotidiano como *sujeito de si, sujeito de consciência* e como *sujeito de presença*. Para tanto vou recorrer primeiro às ideias de Piaget, que explicita em sua obra a noção de sujeito epistêmico ou sujeito do conhecimento.

De qualquer forma, a continuidade funcional se caracteriza pelo processo de diferenciação que as ações do ator vão assumindo ao se fazer alterações no modo próprio de falar, caminhar, respirar. Essa diferenciação do cotidiano do ator em direção ao extracotidiano, como veremos adiante, ao ser constante, repetida e profunda, causa uma ruptura nas estruturas cotidianas e passam a se configurar estruturas próprias para o extracotidiano. Essas últimas, novas e diferentes das do cotidiano e, embora nascidas de um processo de diferenciação das primeiras, são caracterizadas por funções e naturezas próprias.

UM SUJEITO EPISTÊMICO

Piaget fala de um sujeito epistêmico ou qualquer, em oposição ao sujeito individual. Esse modelo supõe dois sistemas cognitivos, um de estruturas estáveis usadas para compreender o real, característico do sujeito epistêmico; e outro, de procedimentos com mobilidade contínua usados para se ter êxito e característico do sujeito individual. Dessa forma, o sujeito epistêmico é o conjunto de coordenações das ações que, independentemente das ações de um indivíduo específico, determinam condições para essas ações na sua interação com o meio. Vejamos o que isso significa.

A ideia-mestra que situa o trabalho de Piaget como uma teoria da interação é a certeza de que o conhecimento está na ação do sujeito. É no resultado da ação que o sujeito identifica ou toma consciência de si próprio e assim constitui o mundo. Esse mundo se constrói, então, como tudo o que não é sujeito, ao passo que o sujeito se identifica com todas as ações e movimentos em relação ao não sujeito.

É o processo desencadeado pela ação que estrutura e, progressivamente, distingue sujeito e objeto. Em seu início, logo após o nascimento, a criança não é, ainda, sujeito de suas próprias ações, tampouco o mundo das coisas (físicas e sociais) existe para ela.

Por meio da coordenação de ações, classificando, organizando, comparando, o sujeito edifica não só os conteúdos do que sabe, como também as estruturas que suportam e possibilitam tais conteúdos. Com um funcionamento contínuo existe uma estruturação de esquemas e conceitos que vão progressivamente sendo superados por novos patamares de ações, cada vez mais complexos e com a propriedade de conservar e superar os patamares precedentes numa reorganização contínua do sujeito.

Esses patamares de ações são, num primeiro momento, apenas ações sobre os objetos para, através de um longo processo de construção, se transformarem, pouco a pouco, em ações sobre as ações ou ações de segunda potência. Trata-se aí de ações operadas sobre as precedentes, nas quais o sujeito é capaz de tematizar suas próprias ações, extraindo delas as razões e motivos do seu fazer.

Para Piaget, sujeito e objeto ainda não existem no nascimento, pois o sujeito não tem consciência de si, tampouco do mundo. A centração extremada do bebê significa indiferenciação entre o eu e o mundo, ao passo que os movimentos em direção ao mundo repercutem no eu, de forma a constituí-lo.

Piaget entende que esse processo é inacessível no sentido estrito. Não há um início absoluto, nem um término. O acesso ao conheci-

Piaget. Linoleogravura de Ernani Chaves.

mento do mundo dos objetos (físicos, sociais etc.) é sempre parcial, pois o sujeito tem acesso apenas ao resultado de suas próprias ações e não ao mundo em sua essência, visto que, para conhecer um determinado objeto (físico, social etc.), seja ele qual for, é necessário modificá-lo e, ao transformar o objeto, o sujeito já não pode obter dele as propriedades anteriores à sua ação.

Para Piaget:

> os objetos existem e comportam estruturas que também existem independentemente de nós. Ocorre que os objetos e suas leis, não podendo ser conhecidos senão graças àquelas nossas operações que lhes são aplicáveis para esse efeito e que constituem o quadro do instrumento de assimilação que permite atingi-los, somente são alcançáveis, portanto, por aproximações sucessivas, o que equivale a dizer que eles representam um limite jamais atingido[3].

Assim, ao modificar o objeto, o sujeito modifica-se e já não pode interagir com o objeto como interagia há pouco.

UM SUJEITO DE SI

Essas relações entre sujeito e objeto complicam-se no nosso caso, pois o trabalho do ator e do partícipe de outras manifestações espetaculares transforma-se de sujeito em objeto. A construção de um personagem, por exemplo, é nada mais do que a estruturação de um padrão determinado de comportamento extracotidiano. Entretanto, esse padrão é constituído sobre o *eu* do ator. É a sua fala, seu corpo, sua mente, sua presença que constituem o personagem. Trata-se, então, de uma tematização do próprio *eu* no personagem.

Por outro lado, essa transformação do sujeito em objeto de conhecimento requer, de qualquer forma, que uma parte do sujeito permaneça sujeito, para ter consciência de uma outra parte que é objetivada.

O trabalho com o grupo de alunos-atores sobre o *clown* demonstrou três fases de apropriação sobre a experiência de si. Essas *experiências* parecem ser características do que denomino sujeito extracotidiano, pois trata-se de um uso particular do corpo e da mente (melhor dizer da integridade do indivíduo), organizado em práticas que usam da própria experiência e do imaginário pessoal para dar forma e dilatar ações que se distinguem das do cotidiano.

Vejamos alguns depoimentos das entrevistas coletivas com os alunos-atores. Na segunda fase do trabalho, quando perguntados sobre a experiência do Picadeiro, A responde o seguinte: "me deu uma euforia e uma angústia, mas eu consegui me divertir, assim, quando passou essa primeira angústia, porque eu acho que é minha mesmo".

3. J. Piaget, *Epistemologia Genética*, p. 108.

E mais adiante D fala: "e como a gente assiste os colegas ali no picadeiro de roupa, então a gente assiste um pouco misto, assim, entre a gente mesmo e a figura que está ali. O *clown* não é um personagem, então fica uma sensação misturada".

Os depoimentos de A e D mostram essa indiferenciação característica do não conhecer. Causa uma confusão entre o eu cotidiano e o sujeito extracotidiano.

Se a subjetividade e a objetividade no mundo cotidiano são construções, pois não existem desde o início, no comportamento extracotidiano parece não ser diferente. O *sujeito cotidiano* inicialmente não se diferencia do *sujeito extracotidiano*, uma vez que as tarefas psicofísicas que se propõem a um sujeito que não tenha constituído estruturas básicas de extracotidianeidade permanecem apenas como trabalhos mentais, ao contrário de um ator, que conseguirá transformar a tarefa eminentemente mental em ação psicofísica. Aos poucos, essas estruturas cotidianas irão se diferenciando sob a égide do esforço diferenciado, em que o peso, o equilíbrio e mesmo a forma de pensar encontrarão caminhos distintos dos cotidianos. O trabalho com os alunos atores deixou claro essa continuidade entre cotidiano e extracotidiano.

Frequentemente, quando solicito a meus alunos-atores iniciantes uma tarefa simples, como improvisar "um passeio no jardim proibido"[4], as sequências não passam de caminhadas e olhares cotidianos não muito diferentes de alguém que passeia num *shopping center*. Além disso, são frequentes os estereótipos e as imitações esquemáticas das ações. Por meio do trabalho de apropriação das ações, selecionando, dividindo e reagrupando as partes e o todo, sublinhando as ideias e imagens que o aluno se propõe a expressar, vai ocorrendo um processo de transformação. As ações, antes muito próximas do cotidiano, vão dele se distanciando, assumindo outras formas e energias, tornando-se, aos poucos, extracotidianas. Em breve aquilo que era apenas uma forma de olhar cotidiana assume uma energia distinta na qual o peso, o equilíbrio e outros aspectos dirigem-se por princípios diferentes dos do cotidiano. Trata-se da constituição de uma partitura de ações físicas, na qual estão implicados não apenas a porção mecânica da ação, mas também suas construções mentais ou psicofísicas.

É na coordenação das ações que essa diferenciação irá encontrar sua dialética, pois a diferenciação ocorre na exata medida da coordenação das ações que em diversos níveis obtém sínteses de ações. Ora, para cada nova ação incorporada ao universo já conhecido das ações do ator, ele será obrigado a um novo jogo de acomodações, reorganizações cognitivas para satisfazer a necessidade de auto-organização do sistema. Esse processo pode ser compreendido como coordenação

4. Tema extraído da demonstração de trabalho *Pegadas sobre a Neve*, de R. Carrieri.

das ações; do outro lado, está, então, um processo complementar e diferenciador.

As entrevistas com o grupo de *clowns* profissionais deixou isso bem claro. A, falando sobre o aprendizado do cômico, diz: "como é que eu aprendi isso? Eu não sei! [...], mas eu posso fazer um monte de gente rir em função de uma alteração minha [...] no caso era a boca, a forma de falar".

Esse processo diferenciador não é simples como aparenta; ao contrário, extremamente complexo, pois envolve uma série de habilidades do sujeito.

Na prática teatral essa coordenação se dá, também, nos ajustes que o ator vai realizando em suas ações: corrige, regula com base naquilo que percebe estar fazendo e nos referenciais que os outros lhe fornecem. À medida que realiza esses ajustes, vai diferenciando as ações umas das outras, e estas, de seu aspecto cotidiano, até criar um universo plenamente extracotidiano, que independe das ações do cotidiano para existir e nem sequer com ele tem relação direta, em alguns casos. Os processos de decupagem, nos quais os atores dividem em partes, tão pequenas quanto possível, cada ação e atribuem significados pessoais a elas, tornam ações de origem cotidiana em extracotidiano. Mesmo que o resultado ao olhar do público seja fiel ao modelo cotidiano há um sujeito extracotidiano realizando-as, pois ao dividi-las e reagrupá-las as torna plenas de presença. Nada está fora do lugar e, apesar de tudo ser premeditado, as ações que passaram por processos de decupagem tornam-se tão presentes que é irresistível olhá-las. Os processos de decupagem são exemplos de apropriações de si mesmo que os sujeitos extracotidianos realizam para se tornarem sujeitos de si.

Portanto, parece claro que as estruturas extracotidianas de comportamento cênico são aprendizagens realizadas por diferenciação e coordenação, constituindo-se pela incorporação de comportamentos novos, aprendidos em sucessivos patamares de diferenciação do cotidiano, sintetizando-se em cada nível os êxitos da ação, superando-os e impulsionando-os a um patamar seguinte, num caminho duplo e complementar de diferenciação e coordenação. De um lado, diferenciando-se o comportamento cotidiano do extracotidiano; e do outro, constituindo o *sujeito extracotidiano* por uma espécie de continuidade funcional ao sujeito cotidiano. Quanto maior a capacidade de diferenciação entre cotidiano e extracotidiano o ator possuir, tanto maior será sua habilidade de traduzir seu próprio eu, de expor sua própria identidade no seu comportamento extracotidiano.

Desde os estudos de Stanislávski (no início do século XX), o trabalho do ator pode ser compreendido como um trabalho relacionado às ações psicofísicas. Da mesma forma e num campo bem mais amplo, é pela ação que Piaget explica toda a complementaridade entre estrutura e funcionamento, entendendo o desenvolvimento humano como uma busca de equilíbrio que resulta na construção de novas estruturas mais adaptadas, isto é, capazes de resolver melhor os problemas que enfrentam.

Ao aproximar a questão do *sujeito extracotidiano*, resta ainda explicar, mesmo que de forma precária, como surgem as novidades no trabalho desse sujeito.

A explicação do senso comum é a de entender que existe uma predeterminação nesse trabalho, na qual as estruturas mentais desse *sujeito extracotidiano*, suas capacidades de acionar, pela própria vontade, sua presença física e mental de forma diferenciada, estão dadas, seja no meio, seja nele próprio.

Ora, parece claro que o que está dado *a priori* é a necessidade de funcionamento e não as estruturas que o suportam. Se compreendermos que esse *sujeito extracotidiano* é progressivamente constituído pelo processo de diferenciação de um *sujeito cotidiano*, então, compreendemos que não há um início absoluto nesse processo. Logo, a predeterminação se resume na possibilidade de esse processo vir a acontecer, completamente dependente das experiências que um determinado *sujeito cotidiano* fizer em prol de seu processo de construção extracotidiano.

Então, a progressão da compreensão do extracotidiano passa por sucessivos patamares, em que se instaura um movimento a partir de um todo indiferenciado, que começa a destacar e usar formas conhecidas de caminhar, andar, olhar com atributos os esquemas ainda não utilizados.

Assim, sempre supondo estruturas já conhecidas, as novidades vão sendo constituídas num longo processo, no qual a ação experimentada resulta num movimento entre fazer e compreender.

Somente um pensamento bastante redutor pode considerar o trabalho extracotidiano do ator como algo fixo e fechado. Passar de um conhecimento menos complexo a um mais complexo parece ser uma característica intrínseca ao desenvolvimento geral do ser humano, e a constituição de estruturas extracotidianas não foge a essa regra.

Deslocar a objetividade, tematizando o próprio sujeito como objeto de conhecimento, caracteriza este processo de construção criador de novidades, que se constituem pela ação do sujeito. Essa ação possui um funcionamento similar à ação cotidiana, no entanto, coordenar essas ações e diferenciá-las das do cotidiano causa uma ruptura estrutural. O ator poderá retornar a estados e ações extracotidianos, porque constituiu para si estruturas próprias para esse fim.

Seria, então, o trabalho do ator um desenvolvimento dependente de estruturas e capacidades já constituídas pelo *sujeito cotidiano* que, embora em continuidade funcional, ou seja, funcionando da mesma maneira como o cotidiano, rompem os modos de agir e pensar, para constituir modos singulares de presença, de consciência e de apropriação de si mesmo.

UM SUJEITO DE CONSCIÊNCIA

Tentando generalizar o trabalho dos alunos-atores, poderia imaginar uma situação exemplar. Temos um aluno em trabalho. Ele precisa montar uma pequena sequência de ações físicas a partir de determinado tema, costurar um manto infinito, por exemplo. Usa ações cotidianas tentando dilatá-las, tentando aumentar seu tamanho no espaço e sua energia. Nesse trabalho descobre novas ações, distintas daquelas inicialmente selecionadas. Uma forma de caminhar, por exemplo, transformou-se e, transformando-se, definiu um padrão de tônus muscular que até então era desconhecido. Depois, noutro momento, esse mesmo ator precisa fazer uma outra sequência de ações físicas para outro tema qualquer, poderia ser para uma cena na qual deve enfrentar uma fera selvagem. Ele usa a energia descoberta na primeira vez que trabalhou com aquele modo particular de caminhar e opera outras transformações. Trabalha sobre o resultado da ação primeira e eleva a uma segunda potência esse resultado. Da segunda vez que cria uma sequência de ações físicas, já não cria da mesma forma, desde que tenha se apropriado do resultado das ações da primeira. Se considerarmos como resultado aquele novo padrão de tônus muscular, o ator poderá operar criativamente sobre esse resultado. Na segunda sequência ele não trabalha mais diretamente sobre as ações cotidianas, mas sobre o resultado delas no âmbito extracotidiano, ou seja, sobre um padrão de energia que ele consegue identificar, distinguir de outros e manipular em diferentes ações.

Esse exemplo mostra como o sujeito extracotidiano é um sujeito que organiza e sistematiza determinado comportamento para dar a ver a outros sujeitos. No entanto, nem todo comportamento que nós, como observadores, definimos como extracotidiano é um comportamento aplicável ao sujeito extracotidiano. É preciso que haja um acordo no qual observador e sujeito extracotidiano aceitem esse comportamento como extracotidiano e, portanto, deslocado do tempo e do espaço cotidiano; surpreendente, fascinante, especial.

A experiência da consciência é uma característica desse sujeito e de como ele se assujeita a suas próprias ações, à sua cultura pessoal e coletiva, na qual, imerso, aprende a fazer e construir seu comportamento extracotidiano.

Segundo Barba, "Stanislávski e seus alunos [...] descobriram que o trabalho sobre eles mesmos como atores se convertia em um trabalho sobre eles mesmos como indivíduos"[5]. Essa "conversão" não se dá no uso de uma *persona* social, como fazem os atores celebridades (prin-

5. E. Barba, *La canoa de papel*, p. 167.

cipalmente do cinema e da TV), mas, ao contrário, numa apropriação daquilo que não pode ser mostrado aos outros de outra forma. Daquilo que queremos esconder e que as "máscaras sociais" que se configuram como proteções, como personagens que inventamos no cotidiano para nos relacionar melhor com os outros, não nos deixam expressar.

Como sujeitos de si, exploramos nossos esconderijos secretos, nossas angústias, nossos sonhos secretos e, assim, expressamos uma humanidade na dimensão do extracotidiano.

As entrevistas com os *clowns* profissionais sugeriram que essa apropriação de si começa, frequentemente, na infância ou na adolescência. Os entrevistados relatam acontecimentos da vida cotidiana que por acaso ou por brincadeira adentram a dimensão da apropriação de si.

A fala de uma imitação que fazia por volta dos sete anos, na qual imitava o pai do caseiro da família, o qual não tinha dentes, e divertia toda a família. B fala de como é tímido e como isso está incorporado na atuação. Esses relatos indicam, também, que o vocábulo "si" implica na relação com o "outro", pois é na interação com o outro que se estrutura o si. Uma vez atravessado pelo outro, não se reduz, portanto, ao eu. O si é mais que o eu, ele implica o outro.

Esses exemplos mostram a diferença entre o sujeito extracotidiano e outros comportamentos espetaculares. Parece haver uma continuidade entre a vida cotidiana e sua reformulação noutra dimensão. Os acrobatas, os praticantes de artes marciais ou os esportistas, por exemplo, não são sujeitos de si, na dimensão que estou propondo, embora realizem um comportamento espetacular, pois não se apropriam de si, não necessitam revelar nada escondido, não necessitam um comportamento no qual tenham de revelar-se como humanos num estado alterado e distinto do cotidiano. Embora extracotidianos dão-se a ver muito mais numa dimensão incrível do que crível. Um sujeito de si é sempre um sujeito no qual o observador acreditará e o fará em função de um comportamento que é orgânico e, portanto, pertencente ao organismo, ou seja, pertencente a si mesmo – construído pelo indivíduo e por ele realizado na apropriação de elementos que não estão fora de si ou trazidos do exterior. Por mais que usemos objetos, ideias ou elementos exteriores, são os elementos do sujeito que caracterizam essas apropriações, fazendo da ação extracotidiana sempre uma ação sobre si mesmo.

UM SUJEITO DE PRESENÇA

Pensar o sujeito extracotidiano como um sujeito da presença física e mental significa ampliar a ideia de que o ator é aquele que age na intenção de fazer parecer-se outro. Essa é uma característica muito particular de um ator típico da tradição euro-americana, do intérprete de textos, do ator falador. O que posso dizer é que o que abarca outras maneiras de estar e ser extracotidiano é caracterizado pela presença.

Essa presença supõe ausência de características cotidianas. Estar presente significa integrar corpo e mente numa ação única e indivisível, ao contrário da vida cotidiana, em que podemos agir e pensar em coisas diversas ao mesmo tempo; o sujeito extracotidiano prova a indubitável força da vida que fluiu.

Vejamos alguns dados extraídos das entrevistas com o grupo de atores profissionais. A, explicando como resolve imprevistos durante a atuação, responde: "acho que é uma presença tão presente que é mais do que o teu poder mental, porque senão tu entraria numa racionalidade explicativa. [...] esse estado gera o jogo, gera uma lógica especial".

B diz: "é uma experiência completa. Parece que você fez ao mesmo tempo em que você percebeu o que você fazia, o que você sentia. E ao mesmo tempo você provocou aquilo e ao mesmo tempo você viu a reação do público, é tudo junto".

As ausências iniciam-se nas escolhas que os sujeitos fazem no seu caminho profissional. Escolher estas ou aquelas técnicas já determina eliminar possibilidades, e, eliminando-as, produzir uma presença determinada, com características e identidades específicas.

Por outro lado, essas eliminações conduzem a uma coerência distinta da do cotidiano. Os sujeitos de presença eliminam os condicionamentos cotidianos pelos quais automatizamos determinados modos de comportamento. Nosso comportamento cotidiano é sempre funcional, pois nos comportamos na medida de nossas necessidades, usando o mínimo esforço para atender aos resultados esperados.

Na dimensão extracotidiana, entretanto, usamos o máximo de esforço físico e mental para lograr resultado pela eliminação de condicionamentos cotidianos. Formas de falar, andar e pensar alteram-se para tomar outra velocidade, outra coerência e, por fim, outra consciência de si e de estar presente em todas as dimensões do sujeito.

A partir dessas observações posso perguntar novamente: o que caracteriza o sujeito extracotidiano?

Além de todos os dados que pude recolher e apresentar, parece-me que o que caracteriza o sujeito extracotidiano é uma singular configuração da consciência, a qual torna-o presente, de modo a modificar a percepção que o espectador tem dele. Esse estado presente dilata as energias corporais unindo intenção e ação no tempo e no espaço. Barba define a presença do ator como um poder de sedução que, aliado à compreensão do que ocorre em cena, faz com que o espectador se interesse e mantenha seu interesse pelo ator. Ele diz que "Com frequência chamamos esta força do ator de 'presença'. Mas não se trata de algo que *está*, que se encontra *aí*, à nossa frente. É contínua mutação, crescimento que acontece diante de nossos olhos.

É um corpo-em-vida. O fluxo de energias que caracteriza nosso comportamento cotidiano foi redirecionado"[6].

Esse fluxo de energia, portanto, é não só a presença no sentido literal, mas uma alteração intencional da consciência de estar aí diante do observador, uma responsabilidade contínua de capturá-lo, de manter sua atenção sem, contudo, expressar sua intencionalidade.

Ora, mas se essa dilatação do corpo que captura a atenção do observador caracteriza esse sujeito extracotidiano, que implicação teria sua mente? Trata-se de um processo unicamente físico?

De forma alguma. Um corpo dilatado corresponde ao que Franco Ruffini nomeia como uma "mente dilatada"[7]. Segundo ele, as características apontadas por Barba para definir o corpo dilatado definem, também, a mente dilatada. Essas modalidades da mente dilatada são a peripécia, a capacidade de fazer saltos com o pensamento para surpreender tanto o ator quanto o espectador; a desorientação, que caracteriza esses saltos, pois inverte a lógica linear do pensamento cotidiano; e, a precisão, que corresponde a banir a redundância de toda a ação para deixar livre apenas a simplicidade e o essencial para a relação com o observador.

Essa mente dilatada, como mostrou o trabalho com o *clown*, corresponde a um nível pré-expressivo de trabalho. Uma dimensão anterior à expressão que a torna possível e, ao mesmo tempo, se constrói por ela. O sujeito extracotidiano se encontra com uma mente dilatada não como um estado final, mas como um processo pelo qual a consciência dilatada faz com que o fluxo de energia de sua presença física em ação reconstrua a cada instante sua relação de "sedução" com o observador. Esse processo de estar presente caracteriza o sujeito extracotidiano e o diferencia de outros sujeitos cênicos, no entanto, antes de tudo, cabe frisar que essa constituição de configurar-se como uma dilatação é um processo de diferenciação do comportamento cotidiano que conduz a uma ruptura das estruturas mentais e físicas em relação a essas construções no cotidiano. Um corpo e uma mente dilatados constroem estruturas específicas para esse comportamento, e isso faz do trabalho do ator um comportamento cênico dependente de procedimentos voluntários e intencionais, e jamais de determinantes inatos.

Os exemplos e as ideias que mostrei até agora ampliam a compreensão pela qual gostaria de sublinhar a ideia de que temos no comportamento do sujeito extracotidiano uma continuidade funcional entre o cotidiano e sua contínua e fluente construção de um comportamento extracotidiano. Essa hipótese encontrou subsídios suficientes nesta pesquisa para ser demonstrada. O comportamento do sujeito extracotidiano funciona numa continuidade diferenciadora da do comporta-

6. E. Barba e N. Savarese, *A Arte Secreta do Ator*, p. 54.
7. Idem, p. 64.

mento cotidiano, no entanto, numa dimensão na qual a presença, as apropriações de si e sua consciência possuem estruturações que rompem os princípios cotidianos e constroem estados e ações tão diversos e, ao mesmo tempo, tão semelhantes aos do indivíduo.

A seguir, vou me esforçar em discutir como essas configurações da consciência funcionam numa espécie de "apercebimento reconstrutivo", no qual o ator configura sua consciência para se fazer sujeito extracotidiano e para dar a ver um comportamento sedutor com eficiência.

3. O Mecanismo da Consciência

A tarefa a que me propus foi a de verificar como a consciência trabalha nas primeiras ações do ator até a apresentação diante do público. Falei sobre a consciência nas tradições pedagógicas teatrais constituídas no século XX, como elas polarizaram, de um lado, o entendimento da consciência como razão e de outro, como tentativa de minimizar as funções racionais. Depois procurei delimitar o sujeito extracotidiano como um sujeito de si, de presença e de consciência, mostrando a continuidade funcional e a ruptura estrutural entre a dimensão cotidiana e extracotidiana. Assim, ao refletir sobre a constituição do sujeito extracotidiano, posso reformular minha questão de pesquisa e perguntar: como se configura a consciência na constituição do sujeito extracotidiano? Saber o *como* é, também perguntar sobre o mecanismo da consciência, como ela age e como percebemos essa experiência de reconhecermos que sabemos sobre nós e sobre nossas ações na dimensão extracotidiana.

O objetivo desse capítulo será, portanto, mostrar a inversão das relações entre fazer e compreender na tomada de consciência da ação extracotidiana, ou seja, como o compreender se torna fazer em pensamento, na medida em que fazer se torna compreender em ação.

O ponto inicial dessas questões foi, para mim, o trabalho com alunos em oficinas de iniciação de *clown*. Embora não me debruce neste trabalho sobre a constituição do *clown* especificamente, foi ele que me forneceu os indícios para construir a trajetória desta pesquisa.

As configurações da consciência no trabalho de alunos atores em situação de iniciação ao estudo do *clown* exemplificaram para mim as demandas da pesquisa. Ao trabalhar com esses alunos, uma questão prática sempre me perseguiu: por que, depois de experimentar o estado cômico no picadeiro (o que observo acontecer com praticamente todos os meus alunos), pouquíssimos conseguem retomar esse estado, configurá-lo numa ação memorizada e apresentá-lo diante do público com o mesmo nível de intensidade que tinham no exercício do Picadeiro em sala de aula?

Na pesquisa realizada procurei verificar, então, quais os processos implicados no sucesso dessa tarefa e quais no fracasso da mesma proposta. Dois casos me chamaram a atenção, nesse sentido, no grupo de alunos-atores, objeto desta pesquisa.

O primeiro aluno *clown* vou nomear como A, e o segundo, como B. Recorto esses dois exemplos pela singularidade e oposição que seus trabalhos apresentaram durante a oficina.

A chega à oficina de *clown* com alguma experiência como ator. Tem facilidade para atingir rapidamente o estado ridículo, no qual experimenta poucos movimentos. Logo na terceira sessão de trabalho, anotei em meu diário: "A usa pequenos movimentos com a cabeça parecendo dizer sim e não ao mesmo tempo. Os colegas riem. Já consegue um estado clownesco bastante presente".

Na sessão de trabalho que precede o Picadeiro, descrevi o trabalho de A assim: "A não repete muito as ações que criou, mas consegue estabelecer o estado clownesco com facilidade. Parece escolher o que fazer e regula a intensidade das ações muito bem".

Na entrevista coletiva que sucedeu de imediato o trabalho com o exercício do Picadeiro, A diz: "parece que a gente tem que decidir de um outro jeito, não como faz na vida".

B, ao contrário, não possui quase nenhuma experiência teatral anterior. Tem muita dificuldade para lograr o estado ridículo, característico do *clown*, embora se esforce. Sobre isso registrei o seguinte: "B não consegue nos exercícios preliminares, em nenhum momento, um estado satisfatório. Todo o tempo em que usa o nariz parece estar premeditando, usando deliberadamente o raciocínio para planejar alguma coisa e depois executá-la. É quase impossível para ele".

Na oitava sessão de trabalho registrei um fato interessante em meu caderno, vejamos: "Ao tentar trabalhar com um objeto, B quase o derrubou, resgatando-o no ar, num golpe rapidíssimo. Como ficou satisfeito com sua agilidade, sorriu para a plateia (de colegas) e imediatamente provocou o riso dos colegas. Tentou repetir e não funcionou, desta segunda vez parecia tentar imitar a si próprio, não fez a ação como se ela fosse de verdade, parecia ter uma verdade inventada".

Os exemplos acima são tirados de uma série de situações em sala de aula, trabalhando com *clowns* que me fazem pensar nessas configurações da consciência como um mecanismo. Por que nesses dois casos temos resultados tão diferentes para propostas idênticas? Obviamente, a história das ações de cada aluno é diferente, mas se a hipótese lançada anteriormente está correta e existe uma continuidade funcional entre a dimensão cotidiana e a constituição da dimensão extracotidiana, parece evidente que a consciência se configura como um mecanismo importante, no qual o sujeito regula suas ações de forma deliberada ou obstaculiza por algum fator que foge de sua vontade.

Assim, nesta pesquisa, pude perceber de forma mais clara o mecanismo da consciência como uma das formas de sua configuração. Foi analisando o trabalho dos alunos-atores, sobretudo nas primeiras elaborações, que pude compreender como a consciência trabalha com uma espécie de "apercebimento" que, contudo, não se reduz à percepção, mas trata-se de uma reconstrução noutro plano bastante complexo das ações de êxito precoce em relação à sua compreensão. Piaget chama esse mecanismo de tomada de consciência.

Trata-se de uma espécie de apropriação de si ou das ações próprias numa dimensão que faz a experiência se constituir de forma tão profunda, capaz de construir conhecimento e, por isso, mudar as estruturas do sujeito.

Piaget tratou o assunto em duas obras: *A Tomada de Consciência* e *Fazer e Compreender*. Na primeira, relata e analisa uma série de experimentos sobre a tomada de consciência de ações de êxito precoce, ou seja, os sujeitos tomam consciência de uma ação que já dominam no plano motor. Na segunda, traz experimentos e análise de tomadas de consciência progressivas em relação ao domínio da ação.

Mas se Piaget se ocupou dessa tomada de consciência, no que diz respeito às ações motoras e sua interiorização por meio de estruturas lógico-matemáticas, a psicanálise cumpriu tarefa semelhante ao procurar explicar a passagem do inconsciente ao consciente de elementos reprimidos, sejam afetivos ou emocionais.

O autor suíço trabalha, obviamente, com o mecanismo na dimensão cotidiana, no entanto, se a ideia de continuidade funcional entre cotidiano e extracotidiano que apresentei anteriormente está correta, essa explicação piagetiana se aplicará também às tomadas de consciência do sujeito extracotidiano. Então, tomar consciência no trabalho do ator não significa iluminar algo que já existia anteriormente e que, como ator, não havia me dado conta, mas, sim, reconstruir de forma tão trabalhosa quanto qualquer ação complexa que gera e possibilita nossos conhecimentos. Entendida dessa forma, a ideia de talento passa a ser tão somente o resultado do esforço de trabalho e jamais uma condição *a priori*.

Em função dessas propostas, vou usar alguns argumentos piagetianos com o fim único de elucidar as questões sobre o trabalho do ator, sem, contudo, procurar testar suas hipóteses, tampouco reproduzir suas ideias ou defender teses sobre elas.

Piaget rechaça a ideia do senso comum de que a tomada de consciência seria uma iluminação, um desvelamento de algo que já estava dado no sujeito e que viria lançar luz sobre algo que estava obscuro. Piaget alerta sobre a exigência de reconstruções para essa passagem do inconsciente até estados mais conscientes.

Mas o que são ações de êxito precoce no trabalho do ator? A observação e análise do grupo de alunos-atores mostrou que o êxito da ação física não está em todas as ações improvisadas e que respondem à determinada proposta. É preciso que o ator possa determinar dentre as suas ações quais alcançam êxito e quais não alcançam. No mundo cotidiano essa diferença se torna mais claramente exposta ao sujeito, pois cumprimos tarefas bem específicas. Desejo ir até a porta, levanto donde estou sentado e vou até lá. Sei de imediato se tive ou não êxito, pois a tarefa a que me propus foi ou não cumprida.

A escolha do *clown* como linguagem me ajudou a determinar um limite bastante específico nesta pesquisa para considerar as ações de êxito precoce. Sempre que a ação do ator possui êxito, seja ele precoce ao seu entendimento pelo sujeito ou progressivo em relação ao mesmo, existe uma reação de riso ou comoção na plateia. Assim, delimitei minha observação nas ações que provocam riso e/ou comoção.

Ora, qualquer pessoa no cotidiano realiza ações que, eventualmente, podem conduzir o observador ao riso ou à comoção. No entanto, o que as diferencia é o fato de que no cotidiano tais ações não possuem uma intencionalidade. A dimensão extracotidiana solicita uma apropriação dessas ações para torná-las cênicas, e o mecanismo da consciência que realiza essa apropriação constitui-se num conhecimento específico e possui idiossincrasias.

Supondo que os sujeitos identifiquem de imediato as ações que possuem êxito de fazer rir e comover os observadores, como se apropriam dessas ações e de seus respectivos estados para reutilizá-los no futuro? Ou ainda, como retomam no presente ações e estados experimentados no passado?

Para Piaget, a ação possui um saber por si só. No plano da ação, encontramos uma série de coordenações que podem conferir êxito à ação.

Para os alunos-atores o trabalho com o *clown* apresentou essa primeira dificuldade: identificar quais eram as ações de êxito para somente depois se apropriar delas. Considerando as coordenações das ações como vínculos e nexos entre relações de ações que não existiam até o momento e que o sujeito realiza para satisfazer um objetivo, pude apurar a diversidade das soluções encontradas. Para Becker, a "coordenação de ações significa, pois, alguma ligação ou relação que o sujeito estabelece entre ações, que não existia anteriormente"[1]. Assim, observei coordenações específicas durante o trabalho de ini-

1. F. Becker, *Educação e Construção do Conhecimento*, p. 117.

ciação ao *clown* e sublinho três desses tipos para ilustrar os êxitos precoces da ação.

A primeira coordenação que gostaria de relatar é a dos *estados lúdicos se sobrepondo à ação*. Naquilo que é possível de ser considerado como observável na ludicidade de uma ação, anotei diversos exemplos sobre a capacidade de conferir êxito à ação cômica, implicando ela um estado de divertimento e prazer.

Vamos a algumas anotações do meu caderno de notas sobre a oficina com os alunos atores.

> Encontro 8 - D, F e I sambam freneticamente enquanto C olha como se nada estivesse acontecendo. O nariz de F quase cai devido aos movimentos enlouquecidos. Quanto mais dançam, mais entusiasmados ficam, mostram prazer enorme em realizar. Os colegas riem bastante. É um ótimo exercício para I, que mostra algum prazer pela primeira vez. Depois perguntei o que acharam do exercício e os três responderam que se divertiram muito.
>
> Encontro 20 – C fica um tempo enorme brincando com os dedos e fazendo toda uma história com os dois indicadores, como se fossem um casal a namorar. Exercita longamente e diverte-se de forma clara, conseguindo a atenção imediata e muito atenta dos colegas.

Essa dimensão lúdica é fartamente relatada pelos atores *clowns* profissionais como um estado de prazer. Vejamos alguns depoimentos.

> A – Tu tens que ter prazer, senão não há cômico.
>
> B – Deixei que o tridente pegasse no meu pé, e isso foi uma coisa engraçada que o público riu muito e nesse momento eu senti que eu queria fazer [...] eu tive a sensação – nossa que bom fazer isso, eu quero, que prazer.

A segunda coordenação que parece conferir êxito ao intento de provocar riso e comoção é *deixar-se atingir*. No trabalho com o *clown* isso significa orientar as ações a partir das reações do observador. Esse observador pode ser, também, no caso da situação em oficina, o coordenador (Monsieur Loyal). Os exemplos dos alunos atores podem clarificar essa noção. Durante o trabalho prático usa-se a expressão "receber a bola" para designar esse momento de aceite do *clown* de sua condição ridícula. Então, receber a bola é uma experiência de apercebimento, na qual o ator deve coordenar sua ação a partir da reação que ela provocou no observador para criar uma próxima ação.

Perguntados sobre isso os alunos respondem assim:

> E – Receber a bola é de repente tu te dá conta que aquilo pode ser ridículo e pode ser engraçado e pode ser divertido pros outros.
>
> C – É se dar conta da tua idiotice.
>
> H – É um processo [...] a gente fica nu, a gente fica despido.

A terceira coordenação que, segundo minha observação, parece conferir êxito à ação clownesca pode ser resumida como a *imobilidade*.

No caso do *clown* trata-se de um atributo bem específico. Excesso de ações quase sempre torna-se parasitário ao êxito de provocar riso ou comoção. Movimentos da face, como caretas e risos excessivos, também podem lograr insucesso. No entanto, o mais importante parece ser coordenar uma determinada imobilidade, característica da situação clownesca; o *clown* se apercebendo do seu ridículo e, por isso, impossibilitado de agir, ou agindo de forma reduzida. Vamos a um exemplo do meu caderno de notas:

> Encontro 3 – A, ao virar-se da parede para a plateia, fica praticamente imóvel, no entanto, pulsando. Não usa praticamente nenhum movimento aparente, mas posso perceber uma imobilidade dinâmica, apenas olha para os colegas e eles riem muito. E, ao contrário, não logra sucesso nenhum em fazer rir porque faz caretas e explora em demasia seus pequenos movimentos.

Mais do que coordenar um desses aspectos, logrou-se êxito nas ações quando foi possível coordená-los todos, uns aos outros, pois aquilo que aqui descrevo separadamente, na prática, precisa atingir a unidade, e coordenar esses aspectos significa relacioná-los em ações.

Essa construção, esse apercebimento, que Piaget chama de tomada de consciência, no entanto, coordena as ações num segundo plano e sintetiza os mecanismos e processos das primeiras, elevando o sujeito a um novo patamar de apropriação de sua ação, emergindo, então, uma nova ação distinta da que originou todo o processo de tomada de consciência. Trata-se de identificar quais as ações de êxito e depois se apropriar delas com o intuito de retomá-las ou aos seus estados no futuro. Esse processo é que se revela extremamente complexo, enquanto, segundo Piaget, para o senso comum "a tomada de consciência consiste apenas em uma espécie de esclarecimento que não modifica nem acrescenta nada, a não ser visibilidade ao que já existia antes que se lhe projetasse a luz"[2].

Longe de ser uma "iluminação", a tomada de consciência é uma reconstrução, ou seja, uma construção num novo patamar. Essa "passagem" de estados inconscientes até o plano da consciência exige, então, uma construção.

É na teoria da tomada de consciência que Piaget delimita as preocupações do sujeito com a sua própria ação, pois, ao procurar reconhecer sua ação, o sujeito busca "reconhecimento dos meios empregados, motivos de sua escolha ou de sua modificação durante a experiência etc."[3]. Essa dupla coordenação implica, então, fazer e compreender o que foi feito ou o que está sendo feito. Embora compreender seja tardio em relação ao fazer, existe um processo que pode ser simultâneo. Compreendo durante o ato de fazer. No entanto, essa

2. J. Piaget, *A Tomada de Consciência*, p. 197.
3. Idem, p. 198.

simultaneidade implica sempre que o sujeito tenha já experienciado ações de êxito.

No sentido de descrever e delimitar esse processo, observei no grupo de alunos três fases distintas dessas relações entre fazer e compreender.

Na primeira o aluno tem êxito nas ações, consegue provocar o riso ou a comoção, mas não tem a mínima ideia do que provocou o riso, de qual comportamento apresenta possibilidades de ser repetido com sucesso. Vejamos um exemplo do meu caderno de anotações.

> Encontro 6 – [...] estamos realizando um exercício em trios. Depois de realizarem a tarefa que consiste em dar um susto, converso com cada *clown* orientando, em cena, algumas apropriações, como manter um movimento de cabeça ou pernas. Quando falo das pernas longas de O, ele reage ao que eu digo, fazendo movimentos quase cruzados entre os joelhos. Os colegas riem. Digo para O repetir e manter o movimento das pernas, mas embora os faça iguais no que diz respeito ao movimento externo, algo falta para que seja igual ou que tenha a mesma intensidade. O repete diversas vezes sem conseguir resgatar a comicidade que tinha de início. Ele me olha atônito parecendo não saber o que fez.

Nessa primeira fase, identificar o êxito da ação se confunde com compreender o que se fez, ao contrário da segunda fase, na qual o sujeito percebe o êxito, mas não compreende por completo a ação e, por isso, não consegue se apropriar dela de forma integral. Vamos seguir a trajetória de O para se ter uma ideia.

> Encontro 12 – O sorri e provoca riso nos colegas. Descobriu fazendo exercícios, mas o Picadeiro foi definitivo para essa apropriação. No final do encontro pergunto a O o que faz para conseguir rir e provocar o riso. O responde: "Ainda não sei muito bem, mas acho que se trata de uma sensação... assim, uma coisa assim meio bobo alegre".

Nessa segunda fase, existe um apercebimento de que uma determinada ação funciona e, funcionando, possui algum mecanismo que poderia ser usado, mas não se compreende em profundidade, a ponto de se ter o domínio absoluto das razões da ação, e essas razões não são enunciados que o sujeito pode ou não definir quando perguntado sobre a ação. Descrevê-la não garante sua compreensão, pois compreender é coordenar a ação nos domínios da ação física e no domínio do pensamento. Uma terceira fase pode ser descrita quando essa situação se constitui por completo. O sabe fazer seu sorriso com êxito sempre que deseja e compreende quando e em quais situações obtém êxito nesse objetivo. Vamos a um último exemplo, também extraído de meu caderno de notas.

> Durante a apresentação ao público, O usa o sorriso exitoso diversas vezes. Em alguns casos suaviza a expressão e em outros intensifica enquanto faz outras ações da sua cena. Parece ter plena noção daquilo que criou, pois age como se sempre fizesse

essas ações. Todas as vezes que usou essa ação o público riu de forma explícita. Apropriou-se disso de forma que aparentemente O compreende e generaliza esse estado para qualquer ação que quiser. Perguntei a O se sabia quando usar seu chiste, e O respondeu: "na apresentação parecia muito fácil".

Essas três fases (1. ter êxito sem possibilidades de saber por quê; 2. ter êxito e aperceber-se de que existe um mecanismo implicado; e 3. ter êxito e dominar o mecanismo, sendo capaz de repeti-lo) consistem apenas numa descrição, mas mostram como as relações entre fazer e compreender possuem, de um lado, um êxito precoce da ação sobre a compreensão e, de outro, um progresso processual da compreensão em relação à ação. O exemplo acima ilustra como a ação física se torna pensamento, e como essas coordenações vão pouco a pouco tornando-se ação física novamente.

Essa dupla natureza – a de uma coordenação da ação e uma do pensamento – inverte os sentidos entre fazer e compreender, pois compreender passa a ser tão físico quanto fazer, ao passo que o fazer necessita de uma compreensão para alcançar êxito. Não existem limites, então, entre corpo e mente. O trabalho do ator integra tanto técnica, quanto criação; mente e corpo; natureza e cultura. Se o pensamento trabalha com grupos simultâneos e esquemas de ordem, encaixes, correspondências e outros, a ação física do ator, ao contrário, opera sempre uma a uma, mas dentro de uma estrutura de grupo. Mas do que se trata, então, compreender, no trabalho do ator?

Fazer e compreender formam uma bipolaridade complementar, pois, para Piaget: "compreender consiste em isolar a razão das coisas, enquanto fazer é somente utilizá-las com sucesso, o que é, certamente, uma condição preliminar da compreensão, mas que esta ultrapassa, visto que atinge um saber que precede a ação e pode abster-se dela"[4].

Esse fazer como condição para a compreensão se torna, no caso da compreensão da ação física do ator, um problema-chave, à medida que as relações entre a ação física e a ação mental correspondente possuem mais ligações do que as ações e a compreensão da ação cotidiana, à qual se refere Piaget, principalmente no que diz respeito à simultaneidade e às coordenações progressivas entre agir e pensar.

É comum o ator poder relatar verbalmente os avanços necessários a suas ações, sem necessariamente conseguir empreender tais avanços no plano objetivo de suas ações físicas. Esses relatos são típicos daquilo que descrevi há pouco como uma segunda fase de relações entre fazer e compreender. A compreensão da ação física necessita uma compreensão superlativa na qual corpo e mente se conectam de maneira imperiosa. Compreender, para o ator, passa por sintetizar ação física formal ao universo interior. Compreende-se com o corpo e no corpo.

4. J. Piaget, *Fazer e Compreender*, p. 179.

A compreensão, enfim, transborda o mundo real, a partir da síntese que faz da ação física, ampliando os possíveis do sujeito em direção a uma nova ação, dessa vez num patamar superior aos precedentes, mas que não os relega e, sim, os subjaz. E é o mecanismo da tomada de consciência, ou seja, do sujeito se reconhecendo em sua ação, ou ainda, conhecendo a si mesmo e, portanto, conhecendo o mundo, que explicaria essas transições entre um patamar e outro. Em síntese, o momento de mudança é mais importante que o momento de equilíbrio. É a transição que explica o conhecimento construído, é a passagem que nos revela o mecanismo que conduz o sujeito da ação à sua compreensão.

Se a tomada de consciência é o mecanismo responsável por esse processo de apercebimento e construção, é porque ela resulta em mudanças significativas no sujeito, e essas por sua vez respondem a conceituações novas.

Para Piaget, a partir do estágio das operações concretas, a tomada de consciência leva a uma conceituação. Antes disso, a tomada de consciência supõe uma série de construções inerentes a cada estágio, contudo, isomorfas ao que, no futuro, será a conceituação. Conceituação não é, segundo Piaget, igual à enunciação:

> nós nos exprimimos como se toda verbalização implicasse uma conceituação e toda conceituação, um certo grau de consciência [...] Pode haver conceituação fora da linguagem e em ligação com outras formas da função semiológica [semiótica] [...] a conceituação devendo ser entendida no sentido mais amplo de um esquema representativo, mas em sua significação, evidentemente, seja qual for o significante[5].

A ideia de conceituação não se resume, pois, a uma simples definição; trata-se mais de uma síntese num plano que engloba a ação, mas que, no entanto, a ultrapassa, embora conservando-a.

Mas seria a ideia de conceituação aplicável aos comportamentos extracotidianos? A ação física do ator necessitaria uma conceituação para ter eficácia? Quais seriam as características de uma conceituação na dimensão extracotidiana?

Lembro-me de uma situação envolvendo uma aluna que não conseguia transformar uma sequência extraída de movimentos com um bastão, numa sequência de ações físicas que ela desejava usar numa cena em que simulava um voo. Apesar de muitos exercícios, alguns comentários meus e outros dos demais colegas, ela não progredia. Após uma conversa em sala de aula, conseguiu relatar todos os problemas da sequência sem, contudo, conseguir resolvê-los. Algumas aulas depois, ainda trabalhando sobre a mesma sequência, estava repetindo as ações. Em dado momento resolveu realizá-las sentada. Depois de experimentar uma vez, disse: "poderia ser como uma gai-

5. J. Piaget, *A Tomada de Consciência*, p. 195.

vota na praia", refazendo as ações. No entanto, dessa vez, de forma surpreendente, inclusive para ela, as ações começavam a deixar de ter apenas uma dinâmica e alternavam completamente a percepção de peso e espaço no seu corpo.

Parece-me considerável que o ator precise retirar, extrair de suas ações as qualidades que pretende manter em seu trabalho e desconsiderar as que não lhe interessam. Vejo aí um processo que pode ser entendido como conceituação, mas que não se reduz a um enunciado dessas qualidades; ao contrário, age retroativamente, trazendo do passado as qualidades mencionadas e impulsionando para o futuro as hipóteses de ações novas, regulando e ajustando as ações conforme sua vontade. Segundo o professor Fernando Becker, a conceituação é "a ação de extrair as características não observáveis da coordenação das ações e reconstruí-las num patamar superior"[6]. Conceituação, para o trabalho do ator, é um processo físico e mental ou, mais exatamente, a ação de sintetizar o universo físico e mental.

No entanto, o processo não é tão límpido e é bem mais dificultoso do que essa breve descrição deixa transparecer. O ator enfrentará toda sorte de obstáculos, muitas vezes construídos por ele mesmo. Por algum conteúdo conflitante (físico, psicológico, afetivo, social...) ou que sugira alguma contradição, poderá bloquear sua percepção e ter dificuldades em *ver* o caminho mais eficaz para sua ação. É o processo de tomada de consciência que reequilibrará essas contradições, estabelecendo novas conceituações e fazendo-o retornar ao caminho da criação.

No caso da busca de êxito das ações cômicas do *clown*, observei alguns exemplos desse processo de conceituação. Vejamos um deles, extraído do meu caderno de notas:

> D tem se comportado de modo bastante diferente entre o encontro passado e hoje. Antes não havia qualquer indício que tivesse conseguido, senão ao acaso, usar pernas e braços de modo a produzir riso dos colegas. Hoje ele parece compreender, parece dar significado a cada movimento, além de ser divertido para ele fazer isso nos exercícios que propus hoje. É como se ele agora soubesse, compreendesse o ridículo de seus movimentos. Não posso precisar exatamente em que momento isso ocorreu ou começou a ocorrer, mas há, sem dúvida, uma grande diferença entre a semana passada e essa. D pode conduzir as ações como quiser. Perguntei a ele, durante um exercício, se ele poderia dizer como havia conseguido dominar essa espécie de *gag* com as pernas e braços. Ele disse: "não sei dizer, mas sei o que significa pra mim".

Esse processo de significar, embora não podendo enunciar, parece conduzir ao êxito e ligar significados pessoais a significantes observáveis. Uma conceituação nesse caso tende a fazer da compreensão uma estruturação num plano pessoal e eficaz para as ações cômicas.

6. Anotação de aula.

Em *Fazer e Compreender*, Piaget objetiva verificar se os resultados obtidos confirmam a autonomia inicial da ação e os efeitos resultantes da conceituação sobre as ações. Para ele a ação possui um conhecimento autônomo; a tomada de consciência dos mecanismos das ações é sempre tardia: "partindo das zonas de adaptação ao objeto para atingir as coordenações internas das ações"[7]. Não obstante, após um certo nível, existe influência da conceituação ou de seus resultados sobre a ação.

A conceituação passa a funcionar em relação à ação como um reforço das possibilidades de previsão de futuro, aumentando o poder de coordenação já encontrado na ação de primeiro nível. Para Piaget isso ocorre "sem que o indivíduo estabeleça fronteiras entre a sua prática ('o que fazer para conseguir?') e o sistema de seus conceitos ('por que as coisas se passam desta maneira?')"[8].

É exatamente isso o relato que B, um dos *clowns* profissionais entrevistados, nos traz. Pergunto como ele incorpora influências de outros *clowns* como, por exemplo, assistindo a filmes do Gordo e o Magro. Ele responde que isso serve para compreender as estruturas cômicas. Então, pergunto se isso ocorre no momento da ação, em cena. Ele diz: "Hoje em dia acontece, mais depois, eu acho. No início, quando eu estava começando, era mais no momento. [...] Hoje eu consigo às vezes prever. Não é uma lembrança, [...] é um uso da cabeça com o qual você pode antever, você pode, ao mesmo tempo que te ocorre, a ideia vem junto".

Há, notadamente, uma relação de futuro na descrição do processo de B, na qual a conceituação faz um movimento de retroação, influenciando a ação que originalmente possibilitou o processo. Esse movimento dialético é, aliás, toda a explicação piagetiana. Ao explorar os conceitos e as diferenças entre fazer e compreender, Piaget analisa o fazer sob o ponto de vista dos movimentos, ou seja, como equivalente de compreender no plano da ação; ao passo que compreender implicaria o domínio em pensamento, a ponto de resolver os problemas levantados no nível da ação. Trata-se de coordenações materiais e de coordenações do pensamento:

> Considerando somente os dados evidentes, existe, de fato, uma diferença de natureza, e até bastante sensível, entre os dois tipos de coordenações, no sentido de que o primeiro é de caráter material e causal, visto que se trata de coordenar movimentos, mesmo se eles são guiados por índices perceptivos, enquanto o segundo é de natureza implicativa (no sentido das ligações entre significações, portanto da "implicação significativa" ou implicação no sentido amplo, e não apenas entre proposições), mesmo se entre seus elementos encontrarem-se representações de movimentos[9].

7. J. Piaget, *Fazer e Compreender*, p. 172.
8. Idem, p. 174.
9. Idem, p. 176.

Em linhas gerais, o problema em Piaget é saber como essas coordenações materiais no nível da ação podem construir conhecimentos que, embora limitados ao plano da ação, do movimento, portanto, não atingindo representações e não resultando em qualquer compreensão do pensamento, são isomorfos às coordenações lógicas.

O autor atribui essa propriedade cognitiva da ação material à causalidade orgânica ou biológica, que consiste na capacidade de auto-organização. Essa capacidade não é linear. Os movimentos se encadeiam em ciclos formados pelos conjuntos de movimentos que, por sua vez, formam os esquemas; estes últimos conduzem à satisfação de determinadas necessidades do sujeito.

Piaget propõe-se a estudar essas coordenações da ação como contribuição para o entendimento da conceituação e por serem seus pré-requisitos.

Ele lança a hipótese de "que a característica mais geral dos estados conscientes, desde as tomadas de consciência elementares, unidas aos objetivos e resultados das ações, até as conceituações dos níveis superiores, é a de exprimir significações e reuni-las por meio de uma forma de conexão que chamaremos, na falta de um termo melhor, de 'implicação significante'"[10].

Isso significa dizer que a coordenação operatória do pensamento é o legado mais direto da coordenação da ação que transforma, da mesma maneira, no plano da ação, os objetos materiais. Essa coordenação do pensamento é considerada por Piaget como ação, pois constrói novidades e torna-se ação significante ao utilizar meios de natureza implicativa e não mais causal, como a ação material. Em resumo, Piaget investiga o isomorfismo entre o fisiológico e a consciência, entre a causalidade e a implicação, em que esta última torna-se uma ação interiorizada. Considerando isso, Piaget levanta mais um problema, pois "se há isomorfismo entre as estruturas causais das ações e de seus objetos e as estruturas implicativas do pensamento, as segundas limitando-se a fornecer a razão das primeiras, como explicar por que essas razões se tornam autônomas, a ponto de abster-se de todo objeto atual?"[11].

Para responder a essa questão, Piaget considera, inicialmente, que o indivíduo situa, em um universo de possíveis, as relações observadas no real, e depois, que esse poder operatório conquistado pelo sujeito se prolonga como operações de segunda, terceira, enésima potência, *ad infinitum*, ultrapassando necessariamente os limites da ação motora.

No caso do ator, essa relação com os objetos físicos está colocada de forma secundária para a análise da consciência. É a apropriação dos mecanismos da ação do sujeito que nos interessa em particular.

10. Idem, p. 178.
11. Idem, p. 179.

Mas se as estruturas causais dos movimentos em relação a objetos físicos não são tão importantes para a discussão da consciência extracotidiana do ator, a explicação desses possíveis como previsão de futuro, como dissemos há pouco, reveste-se de implicações complexas e pertinentes à nossa questão, pois a procura da razão ou a compreensão ultrapassa os sucessos da prática, do plano material, enriquece a conceituação, justamente porque ultrapassa os limites da ação, amplia-se sobre esses possíveis e transborda o real.

Em relação à equilibração dos progressos entre a interiorização lógico-matemática e a exteriorização causal, Piaget argumenta de duas maneiras: a primeira, invocando a ideia de que, embora o sujeito adquira a capacidade de construir indefinidamente operações novas sobre as precedentes, isso não significa que essas operações novas não tenham efeitos retrospectivos; e a segunda, sublinhando o movimento que parte dos fenômenos mais aparentes da ação para procurar suas razões.

Dessa forma, as etapas da ação são sempre projetos de futuro, enquanto a compreensão constitui um fim permanente. Ambos constituem processo de equilibração conjunta.

Piaget afirma ainda que não é propriamente o futuro que determina o presente, mas, sim, o desejo de atingir um determinado resultado. Esse desejo constitui uma direção de futuro mais que uma determinação, uma vez que ele não admite a ideia de uma suposta ação futura influir no presente. Isso é possível, pois, em se tratando de comportamento, o objetivo é visto como uma necessidade, como a expressão de uma lacuna, de um desequilíbrio. Assim, para Piaget, o sujeito, ao satisfazer essa lacuna, consegue reequilibrar o organismo. Daí sua afirmação de que "essa direção oscila entre uma determinação pelo passado e uma abertura sobre novidades imprevisíveis, e isso apenas em cada etapa e não antecipadamente, pois é só através dos instrumentos dedutivos construídos nessa etapa que a nova e imprevista construção aparece retrospectivamente como necessária"[12].

Da mesma forma, como já disse, o papel dos conflitos e das contradições constitui elemento fundamental nas ultrapassagens, ou seja, nos desequilíbrios e nas respectivas reequilibrações. Nesse caso, verifica-se a primazia, no seu início, das afirmações e de tudo o que se relaciona como positivo, em detrimento das negações e do que se relaciona às características negativas. Ao sublinhar tal ideia, Piaget afirma que não há atividade cognitiva sem uma correspondência entre elementos positivos e negativos. Afirmações sem negações complementares caracterizam a situação periférica das atividades do sujeito, uma vez que os dados de observação aparecem na percepção do sujeito nos seus aspectos e características positivas, antes de se

12. Idem, p. 183.

apresentarem como dados negativos. Segundo Piaget, "percebe-se que um objeto é vermelho, ou quadrado, ou colocado sobre um outro etc., bem antes de constatar que ele não é azul, nem redondo, nem colocado na mesma mesa etc."[13]. As qualidades negativas, portanto, sendo sempre de caráter comparativo, aproximam-se das regiões mais centrais.

Ora, essas duas características, o papel dos conflitos e das contradições, e as negações como posteriores às afirmações, constituem-se, segundo a análise dos dados colhidos no trabalho com os *clowns*, como desencadeadores do mecanismo da tomada de consciência.

Identifiquei como conflitos e contradições uma série de comportamentos de bloqueio da ação. Conflitos e contradições físicos se caracterizam por dificuldades corporais em relação à capacidade de flexibilidade ou coordenação motora. Conflitos e contradições internas dizem respeito a ideias e valores que se contradizem entre o desejo de fazer e uma espécie de "bloqueio" ou barreira imposta por uma determinação do mundo cotidiano. Um caso exemplar foi o comportamento de K durante a oficina com os alunos-atores. Vejamos minhas anotações:

> K quis expor-se durante o exercício do Picadeiro. Percebi sua vontade. Ele acha que suas pernas são demasiadamente grandes. Ao perceber isso solicitei intencionalmente que retirasse a parte de baixo da roupa, dizendo que este circo só contrataria *clowns* que tivessem pernas grossas. A isso se seguiram cerca de 30 minutos de agonia entre tirar ou não tirar, e é incrível como, de repente, esses movimentos causaram riso e comoção nos colegas. Parece haver uma força interna que impede K de fazer uma ação que seria tão simples. A vergonha de mostrar as pernas traz um conflito pessoal que K tentou resolver de vários modos, tentando enganar a proposta do exercício, tentando fazer muito devagar ou muito rápido, enfim, procurando alternativas.
>
> Já se passaram três semanas desde o Picadeiro de K, e ele não fala em outra coisa senão na imensa sensação de autoconhecimento que a experiência lhe trouxe.

Esse dado poderia fazer pensar que esses conflitos impedem o conhecimento, no entanto, são justamente os conflitos e as contradições, – por exemplo, quando há contradição entre o que conhecemos sobre aquele assunto e uma nova informação trazida há pouco –, que nos causam desequilíbrio, e esse desequilíbrio necessita de uma reequilibração. É nesse momento que a tomada de consciência opera como um meio de tornar conflitos e contradições aceitáveis, ou ainda, são os conflitos e as contradições que promovem e desencadeiam um processo que nos conduz a tomar consciência sobre as razões de nossas ações e mesmo de nossos conflitos e contradições, resolvendo-os. Da mesma forma, se nossas afirmações sobre determinado objeto quase sempre não delimitam o universo e a complexidade do que desejamos compreender, é porque nos faltam negações em relação a isso,

13. Idem, p. 185.

caracterizando-nos como ainda emaranhados no amálgama disforme da indiferenciação. Esse movimento diferenciador que anteriormente caracterizei como construtor do sujeito extracotidiano está, portanto, no cerne da tomada de consciência.

É assim que, a partir de conflitos e contradições que nos desequilibram, precisamos promover escolhas deliberadas de ações, chamadas por Piaget de regulações ativas, uma vez que regulações automáticas não são mais suficientes para superar os conflitos e as contradições e conduzir da indiferenciação das afirmações até a diferenciação das negações, já que poder compreender negações sobre um objeto de conhecimento está mais próximo do centro do objeto do que simplesmente poder fazer afirmações sobre ele. Para o autor, "o que desencadeia a tomada de consciência é o fato de que as regulações automáticas [...] não são mais suficientes e de que é preciso, então, procurar novos meios mediante uma regulação mais ativa e, em consequência, fonte de escolhas deliberadas, o que supõe a consciência"[14].

Portanto, chegamos ao mecanismo interno, ao funcionamento da tomada de consciência como explicação desse processo. Piaget usa o esquema abaixo para ilustrar sua compreensão do mecanismo interno da tomada de consciência.

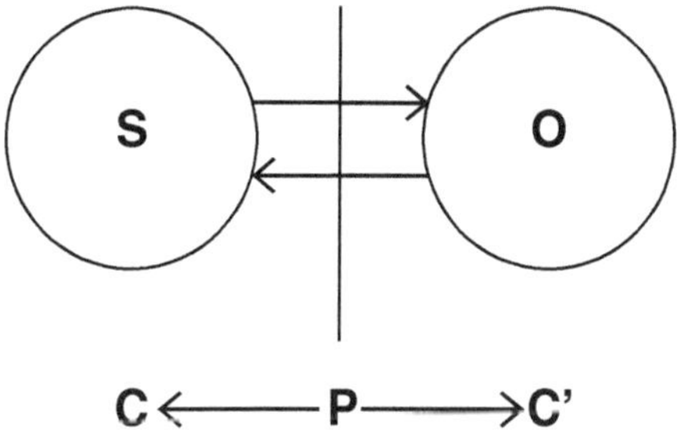

Figura 1[15]: movimentos da periferia ao centro.

14. J. Piaget, *A Tomada de Consciência*, p. 198.
15. Idem, p. 199.

Para Piaget o conhecimento não procede do sujeito (S) nem do objeto (O), e sim da interação entre ambos. Assim, (P) designa o ponto mais periférico em relação ao sujeito e ao objeto. A orientação do processo de conhecimento direciona-se para os mecanismos centrais do sujeito (C) e para as propriedades intrínsecas, e também centrais, do objeto (C'). As regiões periféricas são os objetivos e resultados superficiais; enquanto os centros (C e C′) configuram-se pela procura do reconhecimento dos meios empregados e os motivos de sua escolha.

Existe uma correlação intrínseca entre C e C' que constitui tanto a representação da compreensão dos objetos como a conceituação das ações. Isso representa uma lei essencial do mecanismo da tomada de consciência.

A lei da direção da periferia (P) para os centros (C e C') não se limita à tomada de consciência da ação material, pois o processo de interiorização da ação leva a uma consciência dos problemas a resolver, permitindo, assim, a consciência dos meios para resolvê-los.

O mecanismo da tomada de consciência parece sugerir um movimento de transformação no qual o sujeito caminha desde uma zona de indiferenciação, em que o objeto de conhecimento é ele próprio, pois sua ação e as razões que as dirigem não possuem diferenças significativas para o sujeito, até uma zona central localizada tanto no centro do sujeito (as razões e os mecanismos das suas ações) quanto no centro do objeto (suas propriedades intrínsecas). Essa zona de indiferenciação, nomeada como "periferia" por Piaget, situa-se num ponto equidistante dos centros do sujeito e do objeto. Não obstante, é a ação do sujeito, por sucessivas assimilações e respectivas acomodações, que constitui as propriedades intrínsecas do objeto, à medida que coordena as ações de êxito e também faz inferências sobre elas.

A tomada de consciência constitui, então, a ligação ou o mecanismo que une as coordenações de ações às coordenações lógicas, que, por sua vez, produzem novas coordenações de ações, agora num plano superior, por novas tomadas de consciência.

No trabalho do ator os signos e as convenções teatrais são trazidos para o mundo do sujeito. O sujeito se constitui pela tomada de consciência dos mecanismos íntimos da ação em busca da edificação de uma técnica atoral.

Como as convenções só fazem sentido quando o sujeito as ressignifica, no uso e nas suas relações, esse mesmo sujeito realiza o movimento da periferia ao centro, reconstruindo os signos teatrais pela tomada de consciência dos mecanismos íntimos de suas ações.

Um exemplo esclarecedor é o da constituição da triangulação na linguagem do *clown*. A triangulação pode ser definida como os movimentos e olhares de comunicação com o público. O exemplo mais cabal é o da dupla de *clowns* que dialoga apenas com o olhar, na tradicional *gag* de apertões, beliscões e tabefes. Os dois *clowns* podem apenas olhar para dois pontos distintos: o outro *clown* ou o público. Isso configura uma triangulação entre o *clown* A, o *clown* B e o espectador.

O caso da triangulação é bastante significativo para a questão da tomada de consciência. Em todas as observações feitas, os sujeitos só conseguem construir a noção de triangulação quando se apropriam das suas próprias ações. O centro do objeto (a triangulação) se assinala no controle das ações do sujeito e, principalmente, nas significações que este atribui a cada ação. A triangulação constitui-se desde uma zona de indiferenciação entre o que é próprio do mundo cotidiano do sujeito até uma delimitação precisa do jogo de olhares, baseado no princípio de olhar apenas o companheiro e o público. O centro do objeto, então, se constrói a partir do centro do sujeito e os movimentos da periferia indiferenciada até regiões centrais, tão diferenciadas quanto possível. Esses movimentos evoluem por sucessivas tomadas de consciência que corrigem as coordenações de ações, para depois coordenar de forma coerente o resultado dessas mesmas ações. O movimento iniciado na ação física coordena-se e, nessa condição, conduz a um segundo nível: o das coordenações lógicas, as quais por sua vez podem, ainda, transformar-se numa coordenação das coordenações.

A observação dos alunos atores em oficina mostrou três fases bem distintas nos exercícios de triangulação. Eis um exemplo de cada.

> Encontro 14 - J não fixa o olhar no colega, sempre olha mais de um ponto, embora eu esteja dando-lhe instruções precisas durante a execução do exercício.
> Encontro 15 - Na tentativa de hoje, J já domina o olhar da triangulação e está fazendo com perfeição, mas, comparado a A, vê-se bem que J faz tudo mecanicamente, como se fosse uma sequência de movimentos somente físicos.
> Encontro 19 – Vendo J fazer a sua *gag*, lembrei a dificuldade que tinha com a triangulação. Agora, ao contrário, cada movimento está pleno de significado pessoal, é muito interessante de ver e engraçado.

Os sujeitos num primeiro estágio não conseguem fixar o olhar apenas em dois pontos; quase sempre olham para diversos pontos entre o público e o companheiro. Num segundo momento, dominam as ações em nível de movimento, embora não apresentem significações para os movimentos, limitando-se a executar o desenho das ações. Somente num terceiro estágio de trabalho, ainda conservando o domínio dos movimentos, são capazes de significar cada ação e criar diferentes dinâmicas. Esse movimento torna a triangulação algo bastante personalizado, pois já não se configura como triangulação apenas e, sim, como triangulação segundo determinado sujeito.

A representação desses movimentos da periferia ao centro ficaria assim, conforme mostra a figura 2.

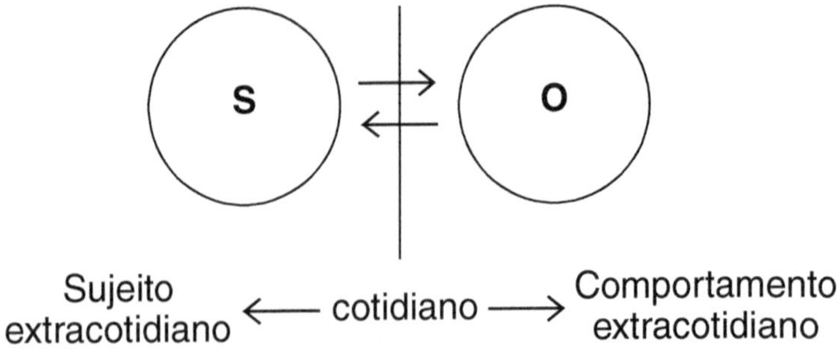

Figura 2: adaptação do gráfico de Piaget

Designo como cotidiano o ponto mais distante das ações de êxito precoce (comportamento extracotidiano) e do centro do sujeito (sujeito extracotidiano), trata-se da periferia do conhecimento. Eis o ponto em que nem o sujeito nem seu comportamento são considerados atores e cênicos respectivamente, pois estão distantes do centro, tanto de si mesmo, que aqui nomeio de sujeito extracotidiano, quanto de um comportamento extracotidiano, que caracteriza a dimensão extracotidiana como uma dimensão própria do ator.

A tomada de consciência da ação física do ator passa, então, por esse processo, cuja construção de conhecimento se edifica por sucessivos patamares de abstração, compreendido apenas no sentido daquilo que retiramos da ação, sendo a tomada de consciência a transição entre um patamar e outro, a qual, pela mudança de conceitos, pode compreender as novidades. Essa compreensão, enquanto síntese da ação, qualifica a ação original.

Se pensarmos naquele mesmo ator iniciante já mencionado, podemos imaginá-lo às voltas com a escolha de suas ações. Quando toma consciência dos funcionamentos de si próprio, sabe dos porquês de suas ações, mesmo que não saiba dizê-los em palavras. Reconhece, no entanto, que as escolhas que fez de cada ação, das qualidades de cada uma delas e dos significados que elas têm para ele totalizam uma experiência significativa. Se parte dessa experiência extracotidiana não couber nesta explicação, ele fará os ajustes necessários para que o todo permaneça fazendo sentido ou o faça de forma mais eficiente.

No mesmo sentido, a ideia de tomada de consciência no trabalho do ator explicita uma ligação inequívoca com o fazer. Não se pode imaginar a criação de um comportamento cênico pelo ator, independente da prática de suas ações físicas. Da mesma forma, a tomada de consciência parece agir enquanto existirem obstáculos – conflitos e contradições. É na dificuldade de resolução dos problemas extracotidianos que o ator toma consciência de sua ação. Essas dificuldades podem ser atribuídas, muitas vezes, às contradições da percepção. O ator faz determinada ação crendo fazer outra, ou acreditando realizá-la com outras características. Entretanto, a tomada de consciência é sempre processual, pois atua sobre elaborações passadas, ressignifica as ações do passado e avança em favor de novas conexões físicas e mentais. A terceira elaboração do ator é o caminho possível encontrado como resultado da segunda elaboração e, esta, da primeira.

A análise dos dados sobre o *clown* me conduziram, então, a deduzir alguns aspectos sobre essa configuração da consciência no caminho entre as primeiras e as últimas elaborações do ator. Tomar consciência de suas ações significa um apercebimento reconstrutivo que conduz a retroações do ator. Isso significa dizer que, ao perceber os mecanismos de sua ação, o ator reconstrói os trajetos realizados e apodera-se dos êxitos de sua ação, fazendo com que elas sejam cada vez mais exitosas, e nisso consiste o caráter de coordenação da tomada de consciência.

Contudo, se essa se configura como um apercebimento reconstrutivo, ela não se resume a, apenas, uma iluminação. Caso se tratasse apenas de uma iluminação, as coordenações não teriam necessidade de construções novas, uma vez que já são realizadas numa primeira elaboração. No entanto, trata-se de uma reconstrução muito trabalhosa, como se não correspondesse a algo já conhecido pelo próprio ator.

Esses aspectos, essas configurações da consciência, levam a pensar que o mecanismo da tomada de consciência como um processo de conceituação reconstrói, no plano da semiotização, aquilo que já havia sido realizado no plano das ações. Para Piaget:

> Não há, portanto, diferença de natureza, numa tal perspectiva, entre a tomada de consciência da ação própria e o conhecimento das sequências exteriores ao sujeito, comportando ambos uma elaboração gradativa de noções a partir de um dado, quer este consista em aspectos materiais da ação executada pelo sujeito, quer em aspectos materiais das ações que são realizadas entre os objetos[16].

Isso quer dizer que existe uma ultrapassagem do plano da ação motora pela semiotização que também se explica pelas idas e vindas entre os dados de observação que o sujeito retém de sua ação e as coordenações inferenciais que ultrapassam os dados colhidos, permitindo-lhe compreender os efeitos observados na ação, resultando daí uma análise mais apurada dos dados observados.

16. J. Piaget, *A Tomada de Consciência*, p. 204.

De um lado, o ator percebe os dados das ações, se são fortes ou fracas, pequenas ou grandes, em que ritmo são realizadas, qual a relação de determinada ação com os objetos manipulados e com o espaço circundante ou com o companheiro de cena; de outro lado, realiza coordenações inferenciais, ou seja, relaciona todos esses elementos percebidos e cria ligações entre eles, faz com que tenham sentido, estabelece significados. Ao fazer isso, o ator enriquece os dados colhidos e acaba por perceber melhor sua ação.

Assim, os dados de observação são constatações a partir de fatos ou acontecimentos, extraídos tanto das ações próprias quanto das propriedades dos objetos, enquanto as coordenações inferenciais são deduções a partir de conexões operatórias que só podem ter lugar na lógica do sujeito.

Ao pensarmos nessa lógica não como uma sequência linear de deduções, mas sim, como um conjunto articulado de coordenações entre corpo e mente, podemos dizer que a conceituação, promovida pelas idas e vindas entre os dados de observação e as coordenações inferenciais, é uma configuração construtiva da consciência e faz com que o ator se distancie do plano cotidiano, dos modos de agir e pensar no cotidiano, retendo para si maneiras extracotidianas de estar presente e agir.

Se a conceituação, conforme Piaget, "está longe de constituir apenas uma simples leitura: é uma reconstrução, e que introduz características novas sob a forma de ligações lógicas, com estabelecimento de conexões entre a compreensão e as extensões etc."[17], então, a conceituação resume e sintetiza esse mecanismo, fazendo com que o ator se mova de uma periferia indiferenciada até zonas centrais, tanto do comportamento cênico, quanto da constituição do sujeito extracotidiano – a esse mecanismo chamo de apercebimento reconstrutivo.

Essas constatações fornecem elementos necessários à ideia de totalidade no funcionamento da consciência do ator. Todas as funções e procedimentos do sujeito, aparentemente isolados e funcionando de forma independente, possuem no máximo uma autonomia que, em verdade, se configura num todo orgânico. Assim, as construções do ator e os esforços para sua compreensão não possuem exclusivas ações em torno dos domínios intuitivos, tampouco as construções das ciências dizem respeito às faculdades da razão, exclusivamente. Ambas constituem aspectos de uma complementaridade que caracteriza a consciência humana como função emergente das suas respectivas ações.

O que apresento a seguir é a configuração desse mecanismo no funcionamento da dimensão extracotidiana, ou seja, como o ator usa esse mecanismo para aprender a ser ator, para ser sujeito de suas ações.

17. Idem, p. 208.

4. A Consciência Extracotidiana

Os dados sobre o *clown* que extraí, durante esta pesquisa, do trabalho com os alunos, das entrevistas com *clowns* profissionais e da minha experiência como ator *clown*, me fizeram pensar numa dimensão diferente da que eu imaginava quando planejei esse trajeto investigativo.

O trabalho com o *clown* me fez imaginar uma dimensão que modifica a estrutura interna do ator, confere capacidade de reproduzir aquilo que ele deseja, num tempo e num espaço determinado. É a experiência da consciência extracotidiana que define o trabalho do ator.

Se minhas suposições estão corretas, como já disse, há uma continuidade funcional entre cotidiano e extracotidiano que resulta em estruturações muito diferentes das do cotidiano, uma descontinuidade estrutural, portanto. Essas estruturações são formas de conhecimento e caracterizam os estados extracotidianos como mais complexos e que abarcam estados anteriores.

A experiência consciente de saber o que se faz, de dominar os impulsos, de atrelar a integridade dos estados à ação, possibilita uma compreensão não linear do trabalho. Essa experiência que denomino consciência extracotidiana é uma exaustão da consciência cotidiana, ou seja, consiste numa superação, no sentido dialético, da consciência cotidiana.

Quando o ator está atento para cumprir uma tarefa cênica imposta por um coordenador, diretor, professor ou delimitada pelo próprio sujeito que se impõe, ele pensa em resolver um problema concreto.

Ao pensar nessa tarefa elenca uma série de possibilidades que estão conectadas com o conhecido para ele.

No trabalho com os alunos-atores, procuro descartar essas alternativas primeiras para encontrar com eles possibilidades mais profundas. O exercício do picadeiro é um exemplo, precisa se desenvolver num tempo longo para que os procedimentos conhecidos dos alunos se esgotem e, dessa forma, transbordem as possibilidades imagináveis. É o âmbito do "não imaginável", do surpreendente que interessa ao ator.

Quando a consciência cotidiana se torna exaurida, se esgota, abre a possibilidade de construção de uma outra dimensão dessa experiência, uma consciência extracotidiana.

Vejamos alguns casos dentre os alunos *clowns*:

> F tenta me fazer rir de muitas formas, posso quase materializar seu pensamento, ele mostra claramente um lapso entre o que pensa e o que faz, listando coisas que imagina que são engraçadas. Começa fazendo uma dança com passos que lembram uma polca, depois resolve cantar e, por fim, imita um pássaro. Depois de uns trinta minutos tentando caminhadas, saltos e imitações, já parece cansado, para, faz novas tentativas. Eu digo que nada do que faz serve de alguma coisa. Logo após começa a rir e chacoalhar as mãos como dizendo que não sabe o que fazer, é interessante como isso toma outra dimensão. Os colegas, que pareciam apáticos até então, começam a rir.
>
> C está tentando encontrar uma maneira para caminhar, sem muito sucesso. Refaz todos os exercícios e instruções que trabalhamos, como andar na ponta do pé, nas bordas, nos calcanhares e assim por diante. No entanto, tudo parece apenas exercício, embora faça com muito interesse e bastante concentrado. Depois de muito tempo finalmente encontra uma caminhada interessante, acha divertido e consegue incorporá-la ao universo do *clown*. Parece realmente a caminhada própria e adequada para a figura clownesca que construiu.

Esses exemplos mostram como a exaustão conduz à criação, pela eliminação das possibilidades pensadas, ou seja, aquelas com as quais estamos acostumados. Essa ideia é provavelmente parceira das noções de via negativa de Copeau, que pela eliminação buscava encontrar uma criação mais autêntica. Os atores *clowns* profissionais também mencionam essa ideia. A diz: "Acho que um trabalho forte não precisa de nada, [...] tu pode* encher de coisa e depois ir tirando. Tu nunca está satisfeito com a tua casa, vai enchendo de lixo, bota tudo. Depois quando não cabe mais nada vai tirando. E aí a casa ficou enorme".

Mas que experiência temos quando exaurimos a consciência cotidiana? Pode parecer estranho, mas o ator não trabalha com o imaginável e, sim, com o inimaginável.

A experiência do *clown* mostra que imaginar alternativas no sentido de planejá-las, ou seja, pensá-las para depois usá-las em ações físicas propriamente ditas não logra êxito nenhum. Os próprios alunos- atores

* Em se tratando de entrevistas julgamos que se deveria manter o caráter coloquial da fala na forma como ela se realiza no Rio Grande do Sul, mantendo o pronome tu com o verbo na terceira pessoa (N. da E.).

durante o processo perceberam isso. Vejamos alguns depoimentos extraídos das entrevistas coletivas:

> *D respondendo à questão "o que é o clown?", diz*: "É sentir mais e fazer menos [...] o problema é quando tu começa a querer fazer alguma coisa, aí não funciona".
>
> *L, sobre a mesma pergunta, diz*: "se a pessoa ficar pensando muito, passou, passou o tempo, tem que ser na hora".
>
> *E K diz*: "Não funciona porque é pensado [...] eu vou fazer aquela minha careta que eu treinei na frente do espelho, com a língua pra fora, porque meu irmão achou engraçado. Então, não é por aí".

Esse inimaginável se configura, assim, como um processo da consciência no qual, estando pleno de suas funções mentais, o ator não usa, ou não necessita usar, imagens mentais. Ele transcende o poder da imaginação, contudo, forma imagens e ideias que estão em íntima relação com suas ações em termos de tempo e espaço. O inimaginável é um imaginável sem lapso entre intenção e ação. Trata-se, portanto, de uma configuração da consciência que dispensa as imagens mentais, embora tenha tido nelas a base de sua construção.

A tentativa de uso da razão analítica não logra resultado, mas, então, o ator não usa a razão quando trabalha?

A questão é complexa e nenhuma resposta seria definitiva. A pretensão de Copeau de minimizar a razão do trabalho do ator, deixando-a em suspenso para atingir um estado mais primitivo e mais profundo, parece ser impossível, embora consista num obstáculo perseguível. O que parece elucidar tal questão, ao menos em parte, será distinguir razão como um conjunto de operações da mente em que estão implicados sistemas lógico-matemáticos em coordenações que distinguem significantes de significados, e uma razão ou pensamento, digamos, mais analítico e linear, que se descreve pela linguagem verbal.

No primeiro caso, temos uma propriedade mais geral da mente que, como mostra o trabalho de Piaget, nos transforma em humanos e constrói por diferentes processos o conhecimento de nós mesmos ao mesmo tempo que do mundo e suas propriedades.

Imaginar alguma ação humana não constituída de razão é difícil, pois o mais descontrolado dos transes supõe início e fim e, portanto, uma noção de tempo, que só é possível por meio de sistemas lógicos. Da mesma forma, qualquer de nossas atividades de pensamento supõe uma razão construída ao longo de nossa história de ações e, acredito, como Piaget, que não podemos retornar ao imediatamente anterior ao conhecimento. Depois de construirmos a razão, por mais incipiente que ela seja, não lhe podemos abrir mão, mesmo que seja essa nossa vontade.

No entanto, se considerarmos o pensamento como um intermediário, um instrumento ou uma dimensão da razão, poderíamos supor existir em alguns momentos razão sem pensamento, haja vista os exemplos que Piaget relata quando fala sobre o saber complexo da ação. Posso operar ações sem pensar nelas. Posso dirigir um carro sem pensar linearmente no que estou fazendo. Posso não pensar mais, ainda assim estarei usando a razão.

O que parece obstaculizar o trabalho dos atores, mostrado nos relatos anteriores, não é o uso da razão, mas, muito pelo contrário, um parasitário uso de um pensamento linear que procura resolver do modo cotidiano problemas extracotidianos.

Os três atores *clowns* profissionais entrevistados relatam preocupações semelhantes e definem essa separação.

Perguntado sobre como percebe a diferença entre aquilo que tem êxito em cena e aquilo que não tem, **A** responde: "Não funciona porque é cerebral, assim... é pensado *a priori*, é muito pensado. [...] pensou a piada, aí pensei, vai funcionar. Pensei demais, aí perde uma originalidade que até poderia vir a funcionar".

B diz a respeito de como sente a presença da plateia, se ele pensa ou se não está agradando: "Claro que você olha, vê, reconhece o que está acontecendo, mas é tudo junto, já não tem separação, não tem esse julgamento [...] tem uma consciência mais integral, mais inteira".

A contraprova de que esse tipo de pensamento não traz êxito à ação clownesca está no relato daquilo que os entrevistados afirmam não possuir êxito. Sobre isso B relata uma péssima atuação feita para um grupo muito pequeno de espectadores, na qual ele julga não ter tido êxito algum. Ele diz: "fica muito essa coisa de julgamento da cabeça, olha o fulano não tá gostando, é uma coisa acusatória. O beltrano tá dormindo e você já quer pular para o outro número e terminar logo o que está fazendo".

C, perguntado sobre o que pensava durante a atuação, responde que não pensa em nada. Então pergunto como sabe da programação, de tudo o que foi acordado nos ensaios, do roteiro e da complexidade que é atuar com outro ator se não pensa em nada. C definiu assim: "é difícil descrever esse momento... porque não é pensar... falando nossa linguagem, é você estar com a mente dilatada... é um estado de plenitude que não chega a ser pensar. [...] Você pensa o êxtase, o prazer, é diferente de pensar. O pensamento se aquieta".

Dessa forma, os dados recolhidos mostram como a consciência extracotidiana se constrói como uma capacidade de coordenar estados que não se distanciam da razão, mas que, no entanto, deixam de lado o pensamento cotidiano para aperceber-se de si e de seu entorno de uma outra forma. Esse pensamento cotidiano não contribui, de fato, para a atuação do ator, e o seu uso pode ser pernicioso. Pensar parece ser uma atividade cotidiana, e C relata na entrevista que "É bem diferente, porque é um mundo à parte. É o mundo à parte que te faz refletir, você pensar diferente, completamente diferente de você pensar para esse mundo teatral". Assim, o mundo extracotidiano produz material e conteúdo para uma reflexão no mundo cotidiano, enquanto este último não produz necessariamente influência no outro.

Nossa civilização tem se esforçado para atribuir significados precisos a tudo quanto possa ser medido, e essa tradição de pensamento está de tal forma arraigada em nossa formação que é praticamente impossível pensarmos de outra forma, embora possamos encontrar exemplos inúmeros em culturas orientais ou em povos primitivos, nos quais os domínios da razão parecem bem mais equilibrados. O trabalho do ator, no mundo euro-americano, talvez seja a prova de que não só possamos nos constituir, ao menos em parte, pela liberação do fardo de pensarmos de forma interpretativa nosso meio, pela necessidade de nomear e classificar tudo o que nos cerca. A ideia de um ator como xamã, como veremos mais adiante, é uma metáfora a esse desvio de conduta do ator em prol de um comportamento menos racionalista. Outros exemplos desse tipo de conduta estão nas tradições orientais de dança e teatros codificados, que têm no zen-budismo ou em filosofias como o taoísmo sua base, nas quais teoria e prática não se separam.

Segundo Sá, "a realidade primeira para os zen-budistas (o resultado da atividade perceptiva independente da atividade racional) pode ser atingida através da vivência dos estados de não atribuição ou ausência da necessidade de nomear os objetos através dos mecanismos da razão"[1].

Esses estados parecem ilustrar esse aquietamento do pensamento a que se referiu um dos entrevistados. Frequentemente, algumas culturas orientais trocam os conceitos provenientes de operações lógicas por imagens sem conteúdo explícito e que são muito mais pessoais e difíceis de serem compartilhadas. Não posso afirmar, e não é esse meu objetivo, se o zen-budismo pretende ou não esse caminho, contudo, essa ideia de estados de não atribuição se configura numa metáfora importante para explicar a consciência extracotidiana.

Feldshuh, ao discorrer sobre as relações entre o zen e o trabalho do ator, diz que a mente do ator

> é a condição interna necessária para integrar qualquer técnica ao ato criativo, ato que vai além das fronteiras do controle consciente ou da inteligência analítica, requerendo a capacidade de entregar-se ao momento presente e viver plenamente nele. Esta qualidade de consciência lembra um estado animal, em sua confiança na sabedoria do organismo integrado. Neste estado, o pensar se torna uma reação instantânea, não deliberada. A mente não se torna limitada, a atenção não se atém a apenas um dos aspectos. A consciência própria desaparece, porque não existe divisão na consciência vigilante. Não existe recuo, nem vacilação, porque a mente é fluida[2].

1. L. F. N. Sá, *Semiótica da Percepção*, p. 19.
2. D. Feldshuh, *O Zen e o Ator*, p. 12.

A partir dos dados que relatei há pouco posso convidar o leitor a fazer uma exploração por esse estado de consciência sem atribuição. Tratar-se-ia de uma forma de organização extremamente complexa na qual a extrema estruturação poderia resultar num funcionamento distinto do cotidiano. Não atribuir conteúdos pode significar uma integração entre todas as funções humanas e provar que o trabalho do ator é a atividade superlativa do ser humano na integração de tudo aquilo que a tradição cartesiana se esmerou em separar. No mínimo me dou conta de que a consciência não se reduz ao pensamento, ela é mais do que este, apesar de termos nos acostumado a achar que pensar e ter consciência de que pensamos resume toda condição humana. Incompleta, essa acepção é da mesma natureza daquela que liga a mente unicamente ao cérebro e às emoções ao passado remoto e primitivo do qual temos que nos proteger controlando-as por meio da razão.

Se a consciência extracotidiana trabalha nesse estado de não atribuição no qual o pensamento não age com todo seu poder de racionalidade, qual o papel das emoções nesse quadro?

Para Piaget, razão e emoção não se separam, constituem dimensões distintas, mas impossíveis de serem divididas. Para ele, as emoções são o motor, a energia que move todo o complexo humano do raciocínio e da vida em geral. Nenhuma ação humana está fora do âmbito dessa geração de energia que, em última análise, é o que define o comportamento, as escolhas e as construções humanas.

Se toda ação está pautada por esse motor emocional é porque o fundamento da razão é emocional e provavelmente as emoções se organizam com base numa lógica racional.

É com base nisso que esse estado de não atribuição não relega nem razão, nem emoção, constituindo de fato uma função alternativa para ambas. Não se trata, contudo, de um estado de descontrole, ao contrário, a percepção atinge seu ápice quando pode seguir livremente o curso das ações e esse apercebimento de si passa pelo apercebimento do ambiente e do outro.

Como já disse, trata-se de uma reconstrução na qual a consciência faz com que percebamos e, ao mesmo tempo, nos reorganizemos para satisfazer algum objetivo.

Ora, caberia agora relatar uma espécie de caminho pelo qual passa a consciência extracotidiana nas três elaborações do trabalho do ator. Essas elaborações não são conceitos precisos e visam apenas a descrever com alguma organização um processo bastante complexo. Essas fases do trabalho ocorrem em muitos de forma distinta, dependendo da formação, da técnica e da tradição do ator. Escolho apresentar assim, para operar sobre algo concreto, mas sublinho que se trata apenas de *uma* opção de caminho sem querer impô-la como *o* caminho do ator.

A primeira elaboração é o momento de preparação do ator, anterior à criação de uma obra com vistas à apresentação. É o mais distante da dimensão extracotidiana. O ator está, portanto, ainda no mundo regido por leis cotidianas. A partir de suas primeiras ações (digamos numa improvisação), como num exercício para a linguagem do *clown*, o ator vai diferenciando o estado cotidiano e coordenando suas ações. Essas diferenciações, em direção à dimensão extracotidiana, fazem com que a ação comece a possuir atributos distintos dos que possuía há pouco, e esses atributos configuram um estado diferente, no qual o peso, o equilíbrio e a energia se regem de forma diferente do cotidiano. A consciência aí age no sentido de verificar os êxitos das ações, identificando-os e coordenando-os para que se tornem repetíveis. Constitui-se assim o sujeito-ator que, embora esteja sempre num processo dinâmico de constituição, tem nesta fase seu momento de formação.

Essas primeiras elaborações são responsáveis, também, pelas primeiras rupturas estruturais do sujeito ator. Essas ações diferenciadoras e suas respectivas coordenações se apóiam em estruturas de conhecimento cotidianas, mas somente num primeiro momento. Imediatamente após, começam a se formar sob a égide da dimensão extracotidiana ou não configuram aprendizados sólidos, passíveis de serem recriados no futuro. Essa é uma boa explicação para saber por que determinados indivíduos não podem retomar seus trabalhos, pois esses não configuraram estruturações suficientemente constituídas. Essas estruturas mentais e corporais, ao mesmo tempo ligadas e emergentes da ação corporal, fazem do sujeito extracotidiano um sujeito capaz de retomar no futuro ações do passado.

Como uma primeira fase do trabalho, o ator segue num *continuum* para um segundo momento no qual está empenhado em criar algo com o fim de apresentá-lo a outros sujeitos. Nessa ocasião, a consciência extracotidiana segue seu percurso da mesma maneira como na primeira elaboração; no entanto, aqui, a noção do outro fica mais evidente. Preparar algo para outro sujeito passa a ser uma dimensão da consciência, e esse aspecto faz com que toda estruturação de conhecimento esteja endereçada na preparação de formas de relação. Há, portanto, uma previsão de futuro embutida nessas ações, previsões de como reagirão os observadores e como estar preparado para a diversidade de reações que podem vir a ocorrer.

No último momento dessa trajetória acontece o ápice da capacidade dessa consciência extracotidiana. Tudo o que foi antes preparado e articulado deve agora ser colocado em prática para os observadores, como se estivesse sendo feito pela primeira vez.

Essa repetição das ações do passado exige uma consciência superlativa, pois o ator põe em funcionamento sua extracotidianeidade, fazendo-o entrar num estado alterado de consciência, no qual o pensamento, as emoções, a razão, a percepção estão a serviço de uma relação que não pode ser quebrada: o encantamento do outro.

Esse é, aliás, um tema muito presente nessa elaboração diante do público, pois não é a ação pura e simples que vemos confrontada diante do observador, mas a relação que esta estabelece com o público. Qualquer ator sabe que cada apresentação de um espetáculo é única, porque cada plateia é singular.

A presença do outro se torna definitiva para a ação do ator, e a consciência de que o outro está me observando produz em mim uma alteração. Essa noção foi bastante sublinhada pelos atores profissionais nas entrevistas. Vejamos alguns exemplos.

> A – Eu sei que é diferente quando eu faço sozinho e quando tem alguém olhando. [...] se tem alguém olhando é o prazer de oferecer aquilo pra criatura.
>
> B – A partir de uma ação simples, começa a ter consciência do foco da atenção, de você estar ali e de perceber que tem alguém lá do outro lado da calçada, que está lá olhando, você começa a ter essa percepção do outro, de fora. E aos poucos começa a querer fazer mais...

Os êxitos de uma performance estão atrelados a essa relação. Assim, quando se obtém e consegue se manter uma boa relação, pode-se lograr um bom espetáculo. Se o ator é sujeito de presença, o público também o é, pois está – ou não – presente na relação com o ator. Sua presença é necessária para o teatro.

Nesse sentido, esse estado no presente é certamente determinado pela história das ações do passado. No entanto, o passado é, também, determinado pelo presente, pois essa relação entre o ator e o observador modifica aquilo que havia sido preparado no passado para, agora, fazer sentido em função da observação do outro.

Assim trabalha a memória do ator que, evocando aspectos do passado, precisa se reestruturar no presente. Essa reestruturação é sempre construção nova e inacabada.

Essas construções emanam de uma dialética bem particular entre repetir e transformar.

A repetição nunca é mecânica e nunca pretende reproduzir *ipsis litteris* a ação original. Repetir significa sempre ressignificar. No trabalho do ator, uma repetição é um reapresentar a si mesmo e, consequentemente aos outros, uma determinada relação entre o universo interior e exterior do sujeito. A repetição do exterior, do desenho das ações no tempo e no espaço, é uma busca sempre precisa e inatingível. É ela que garante o reapresentar das relações interiores do sujeito-ator.

A transformação do universo interior do ator, aquilo que garante uma atuação sempre viva só é possível pela tentativa de repetição exata do exterior. Uma atuação viva é aquela que garante transformações às repetições. Iben Nagel Rasmussen, atriz dinamarquesa, diz que "a repetição é a mãe de todos nós, atores"[3], pois é através dela

3. *Trabajando y convivendo con el Odin*, EITALC, 1995, Holstebro, Dinamarca, anotações de caderno referentes à oficina de Iben Nagel Rasmussen.

que se pode transformar. Num sentido exato, portanto, é a coordenação do resultado das repetições que possibilita ao ator chegar às transformações, pois enquanto coordena resultados distintos, pequenas variações, reações, novas possibilidades, usa a consciência de si, do seu corpo e de seu estado extracotidiano para organizar, em outro patamar, as novidades surgidas. Apropria-se, então, desses resultados. Nisso consiste o processo. Toma consciência, com todo seu ser, daquilo que faz.

Podem-se destacar dois tipos distintos de repetição neste trabalho: a repetição da ação com vistas à criação, à elaboração de algo a ser apresentado e a repetição de uma sequência de ações, tidas como acabadas, algo que foi feito e memorizado em um momento e, agora, diante do público, reapresentado, repetido.

Para cada uma dessas repetições é fundamental suas respectivas transformações, pois o ideal de reapresentar o exato desenho das ações memorizadas é tão inatingível quanto transformador.

Se retomarmos a adaptação do gráfico de Piaget, que apresentei anteriormente, poderemos localizar a transformação no centro do sujeito extracotidiano, enquanto a repetição estaria no centro do comportamento extracotidiano.

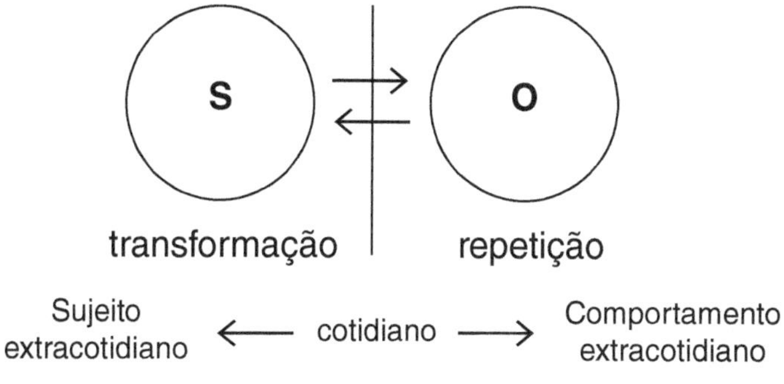

Figura 3: adaptação do gráfico de Piaget.

Como mostra a figura, os movimentos, a partir da periferia indiferenciada, ou seja, do cotidiano do sujeito e de seu comportamento, vão em direção aos centros. Tanto o sujeito extracotidiano quanto seu comportamento cênico constituem-se na exata medida um do outro. Esse processo de repetição do comportamento cênico pelo sujeito extracotidiano o constitui e o transforma enquanto repete, ou pensa repetir, seu comportamento. Contudo, a repetição do comportamento cênico significa para o sujeito extracotidiano apropriar-se de si, e esse movimento em direção a si mesmo só faz sentido na medida de sua relação com o observador, o que constitui uma transformação.

Assim, o que garante uma atuação com êxito é justamente essa flexibilidade da transformação, possibilitando que a relação com o observador possa ser orgânica e eficaz. Isso é possível por esse reapresentar das ações, portanto, por essa *repetição transformável*.

Transformar-se e dar-se conta do que está acontecendo com a qualidade da relação com o observador só é possível porque o sujeito ator se constituiu de estruturas específicas para esse ato. Ele pode repetir aquilo que preparou no passado, deixando ingressar no presente, devido à flexibilidade do processo, novas informações, tal como a mais importante delas: a relação com o observador. Esse ato é, então, uma *transformação repetível*.

Aquilo que me esforcei em separar, na verdade, só tem sentido quando uno. Todas essas capacidades fazem parte desse apercebimento reconstrutivo. B, um dos atores profissionais entrevistados, diz: "Eu acho que tem o racional também, só que está junto com tudo, porque também é um trabalho muito inteligente. Você tem que estar muito atento às reações e saber, estar de prontidão e perceber fulano no fundo, acontece isso... também é uma capacidade de decisão".

Essa unidade não é, talvez, tão clara ao senso comum e às tradições pedagógicas teatrais, como vimos no início deste trabalho. Elas trouxeram até nós a ideia de separação: a consciência como um mecanismo inócuo e que, identificada com a razão, é ora instrumento para atingir um inconsciente mais legítimo, ora minimizada para dar lugar a um fluxo criador não racional.

Como me esforcei em discutir, até aqui, a consciência não se reduz a um "lugar", no qual o ser humano distingue a si mesmo do mundo. Ela, ao contrário, se configura em dimensões tão distintas quanto a capacidade de diversidade e singularidade humanas. O que denomino de consciência extracotidiana, específica do sujeito extracotidiano, é um caso particular dela. Não se trata de uma simples iluminação de algo que estava, até então, "escondido" no sujeito, é antes de tudo uma gradação dinâmica entre zonas mais inconscientes e estados de apropriação mais conscientes, ambos como apercebimentos reconstrutivos da ação do sujeito.

Mas se esse apercebimento reconstrutivo é a própria consciência extracotidiana em ação, isso significará que existe, então, um inconsciente extracotidiano?

Trata-se de outra questão com a qual esta pesquisa pode apenas em parte contribuir. Dizer que há um inconsciente extracotidiano é dizer que existe um processo de diferenciação entre o que seria o inconsciente primeiro do sujeito, constituído no seu cotidiano, e um segundo inconsciente, elaborado na dimensão extracotidiana. Essa hipótese se contraporia à tese que me esforcei em defender desde o início, na qual discuto a continuidade funcional e a ruptura estrutural entre o sujeito cotidiano e o extracotidiano.

Se o inconsciente é lugar e depósito da memória, ou mais radicalmente, de tudo quanto o indivíduo fez e sofreu, ele seria um conjunto de estruturas e não um funcionamento. No entanto, os dados extraídos do trabalho com o *clown* fazem-me pensar o contrário: o inconsciente como uma dimensão do funcionamento da consciência, no caso específico da consciência extracotidiana. Não vou, portanto, falar de um inconsciente extracotidiano para não correr o risco de imaginar um mundo paralelo no qual o ator trabalharia completamente isolado do mundo cotidiano. Os dados mostraram como há uma continuidade entre vida e ficção, entre cotidiano e extracotidiano.

Segundo Piaget: "O inconsciente encontra-se em toda parte e, portanto, existe tanto um inconsciente intelectual quanto um inconsciente afetivo. Mas isso é dizer que ele não se encontra em parte alguma, a título de 'região', e que a diferença entre a consciência e o inconsciente não é mais que um caso de gradação ou de grau de reflexão"[4].

Então, se falamos em consciência não podemos deixar de falar em inconsciente, considerando que, de modo geral, todo trabalho tem resultados conscientes, embora os mecanismos de seu funcionamento permaneçam inconscientes.

Não podemos pensar, assim, no inconsciente como um depósito da memória, pois nem tudo o que experimentamos registramos nessa dimensão. O trabalho com os alunos-atores mostra como se realizam diversas ações e exercícios que não sobrevivem para serem retomados um dia depois, e não há razão para concluir que estes permaneçam em algum "lugar" da mente como um conteúdo latente. No mundo cotidiano, não sabemos dizer, na maioria das vezes, o que realizamos hoje de manhã e recorremos à dedução lógica para reconstruir qualquer lembrança.

O papel da memória como uma configuração dinâmica é, enfim, tão importante quanto pensar o inconsciente como uma dimensão do funcionamento do sujeito, na qual as reações "não pensadas" se expressam por essa memória reconstrutiva.

Piaget diz que "o inconsciente é essencialmente motor (ou, como diriam os próprios freudianos, 'dinâmico') e é em termos de reações que convém então descrevê-lo, se se deseja evitar as ciladas do vocabulário substancialista"[5].

A consciência extracotidiana é, portanto, consciência e, ao mesmo tempo, inconsciente se manifestando de forma dinâmica e contínua em reações de memória. Não há, assim, para o ator, diferença de natureza entre esses dois termos.

4. J. Piaget, *A Formação do Símbolo na Criança*, p. 222.
5. Idem, p. 240.

Perguntado sobre o que pensa quando atua, A responde que procura não pensar em nada, e isso "permite inclusive que muitas coisas que são [...] tuas apareçam, não só as tuas coisas, coisas que são tuas se revelem através do trabalho. A gente reprime, fica lá num canto que não mexe, tu não vai expor, mas ela é exposta [...] volta pra ti de uma outra maneira".

A mostra como a recordação tem pouco a ver com o trabalho do ator, que, por sua vez, recorre a uma espécie de memória reconstrutiva, pois precisa ser reconstruída a cada vez que é acionada. Como expressão de reações constitutivas do sujeito extracotidiano, o inconsciente permite uma dinâmica entre ações e suas respectivas simbolizações, nas quais estão implicados significados ora construídos no momento, ora retirados da memória.

Os dados que levantei não permitem deduzir o que ocorre com a memória do trabalho no intervalo em que o ator volta ao cotidiano. É certo, contudo, que a repetição de suas ações implica sempre uma reconstrução, uma recriação do fluxo de vida que havia sido preparado para se relacionar com o observador.

Talvez seja essa capacidade de unir razão, percepção, emoção num todo transformável, para manter a relação com o observador, que caracterize essa consciência extracotidiana como um apercebimento reconstrutivo sem grandes diferenças de natureza com relação àquilo que costumamos chamar de inconsciente.

5. O Ator como Xamã

Desde o início deste trabalho procurei mostrar como a noção de consciência está relacionada com as tradições pedagógicas teatrais e como essas constituem modos de fazer e pensar o sujeito extracotidiano. Defendi a ideia de que esse sujeito se constitui por modos de diferenciação e em continuidade funcional com o sujeito cotidiano, apesar de essas diferenciações e suas coordenações de ações levarem a uma ruptura no que diz respeito às estruturas mentais anteriores do ator.

Da mesma forma, os dados sobre o *clown* mostraram, também, como o mecanismo da consciência se configura como um movimento da periferia difusa até regiões centrais, ou seja, como a tomada de consciência conduz do cotidiano ao extracotidiano. E, por fim, me esforcei em caracterizar a consciência extracotidiana como um estado de não atribuição, usando de forma particular aquilo que denominamos de pensamento.

Agora caberia encerrar essa trajetória apelando para uma espécie de síntese por meio de uma imagem que, de um lado, rompe com a linearidade do discurso verbal, para melhor ilustrar o objeto desta pesquisa, e, de outro, reúne em si diversos atributos e qualidades descritos e analisados até agora. Trata-se de pensar o trabalho do ator como um xamã.

Evidentemente não existe ligação ou solução de continuidade histórica entre o xamanismo, fenômeno religioso característico do centro asiático e da Sibéria e o trabalho do ator contemporâneo euro-americano, nem é minha proposta fazer qualquer tipo de comparação científica, histórica ou psicológica. Também não importa, para os objetivos deste trabalho, se existem ligações entre essas duas atividades.

No entanto, a ideia do xamã como uma metáfora pode ajudar na compreensão daquilo que estou caracterizando como consciência extracotidiana, pois ele nos traz, também, uma consciência alterada a partir do cotidiano. Sobretudo, essa ideia caracteriza-se por um aspecto que será muito caro para esta pesquisa, o êxtase, como veremos adiante.

Segundo Eliade, o xamanismo é um fenômeno religioso mágico e não pode ser generalizado para todas as formas sagradas de rituais nas quais se encontram atividades de transe. Assim, o autor caracteriza o xamanismo como sendo um fenômeno específico siberiano e centro-asiático "onde a experiência extática é considerada a experiência religiosa por excelência, é o xamã, e apenas ele, o grande mestre do êxtase. Uma primeira definição desse fenômeno complexo, e possivelmente a menos arriscada, será: xamanismo = técnica do êxtase"[1].

Essa especialidade mágica se manifesta durante um transe no qual se acredita numa viagem que o xamã faria levando sua alma "para realizar ascensões celestes ou descensões infernais"[2].

Acostumamos-nos a pensar no transe como uma atividade descontrolada e caótica, e chegaram a existir teorias que relacionavam esses fenômenos a doenças mentais. No entanto, Eliade mostra como a preparação e a iniciação dos xamãs requerem rituais didáticos que instruem o aspirante em técnicas determinadas, e o transe, ele próprio, embora pareça desprovido de organização, é fruto, na verdade, de uma riqueza técnica exemplar, sem a qual não seria possível a realização dos rituais nos quais são praticadas essas técnicas de êxtase. A presença da palavra técnica, aliás, já indica a extrema organização e controle no qual o transe se insere para poder lograr os objetivos sociais para os quais ele existe.

As relações entre ritual e teatro já foram bastante exploradas na literatura sobre o teatro contemporâneo e, de fato, no caso do xamanismo, as relações entre a atividade teatral e essas práticas religiosas são fáceis de serem percebidas. Eliade chega a relacionar e desejar um estudo sobre "as fontes extáticas da poesia épica e do lirismo, sobre a pré-história do espetáculo dramático"[3]. Da mesma forma, o uso de figurinos e de outros aspectos faz da sessão xamânica um espetáculo aos moldes euro-americanos.

Entretanto, não são esses aspectos que interessam aqui, e sim as relações desse xamã com o uso particular da consciência. Nesse sentido, centrarei a análise naquilo que o xamã pode explicar e exemplificar o trabalho do ator euro-americano: as técnicas do êxtase.

1. M. Eliade, *O Xamanismo e as Técnicas Arcaicas do Êxtase*, p. 16.
2. Idem, p. 17.
3. Idem, p. 554.

Johnstone, quando fala do transe, no qual as técnicas de êxtase são certamente empregadas, afirma que "em muitos estados de transe, as pessoas estão mais em contato, mais alertas"[4]. Assim, fica evidente que se trata de um comportamento complexo que nada tem em comum com doença mental ou atividade informal, mas, sim, implica um comportamento espetacular altamente sistematizado e organizado para dar a ver a outros seres humanos uma experiência que, na sua maioria, visa integrar a comunidade por meio da religião.

Caracterizar o êxtase é difícil, pois trata-se de uma experiência privada e complexa, mas, no caso do ator, é esse estado que parece caracterizar o nível mais elaborado da sua consciência. Saber em profundidade o que se está fazendo, mesmo sem lhe atribuir um pensamento verbal, como já disse, consiste provavelmente no cerne do trabalho do ator, e isso é uma característica extática.

Os dados extraídos das entrevistas com os atores *clowns* profissionais mostram isso. C fala de plenitude para caracterizar esse estado de êxtase. Ainda respondendo à pergunta "como pensa durante a atuação", ele diz: "é um estado de plenitude que não chega a ser pensar. [...] o pensar está integrado com o fazer. Você pensa o êxtase, você pensa o prazer [...] você vive uma intensidade total nesse momento".

E perguntado sobre o estado de êxtase, C responde: "O êxtase tem um ponto claro. É mais uma consciência ativa, viva, do que pensamento [...] A consciência ativa é você logo perceber. Tem esse pensar, está lá, mas tem esse estado ampliado, esse estado de plenitude".

Perguntado sobre como sabe quando passa de um estado cotidiano ao estado de plenitude, C responde:

> É muito perceptível fisicamente. É muito perceptível. [...] Quando você entra no estado de êxtase, por exemplo, é como se fosse apagando, apaga isso daqui [fazendo um gesto e se referindo à cabeça] e você diz nossa, mas é diferente. Você percebe, é perceptível, quando você entra em êxtase você se conecta com algo que não estava conectado, com algo diferente.

Parece claro que esse estado lida com uma dimensão extática, no sentido de o sujeito que experiencia ser transportado para fora de si e do mundo cotidiano, por conta de um prazer muito intenso, de um deslocamento, um movimento em direção ao outro. Essa imagem é intensamente xamânica, pois a experiência do xamã é sempre uma viagem de si para o mundo mítico-mágico, para o *illud tempus*.

Esse movimento para fora de si, acompanhado de outro inverso, caracterizado como possessão, é para Cole o que resume importantes aspectos do trabalho do ator.

Segundo Heusch, "possessão é oposta a xamanismo neste aspecto: o xamanismo é um movimento vertical do homem na direção dos

4. K. Johnstone, *Impro improvisacion y el teatro*, p. 145.

deuses, de ascensão em técnica e doutrina; possessão é um movimento para baixo, que parte dos deuses, uma encarnação"[5].

Cole acredita que o trabalho do ator está identificado com um movimento entre o xamanismo, movimento ou viagem em direção ao *illud tempus*; e a possessão, movimento em que os espíritos se apoderam do corpo do oficiante para se manifestar, característico daquilo que se chama Hungan, uma espécie de sacerdote haitiano de rituais mágicos e cultos de possessão.

Esse movimento chama-se *rounding* e expressa a trajetória do ator; de um lado, saindo em direção ao mundo ficcional e dessa forma mostrando à plateia essa viagem e, de outro, deixando-se apoderar por um personagem que para Cole poderia ser uma Imagem, para não reduzir demasiado a ideia de personificação como sendo apenas as figuras extraídas da literatura, por isso, usa "Imagem" grafada com maiúscula.

O que parece de qualquer modo um etnocentrismo do autor ainda é a crença de que todo ator está possuído por uma Imagem, seja ela de qual proveniência. Suspeito que tal afirmação possa ser demasiada, visto a enorme diversidade de manifestações espetaculares que não possuem aparentemente nenhum tipo de personificação. De fato, o próprio *clown* possui uma personificação parcial, pois se o ator está de fato em estado de representação, portanto em estado extracotidiano, não apresenta, contudo, um ente diferente dele próprio. Certamente, o ator não se veste, não se comporta e não está presente na vida cotidiana da mesma forma; por outro lado, o aspecto pessoal dessas ações não pode ser descartado, uma vez que o *clown* não inventa nem apresenta nenhum personagem ou Imagem que não corresponda exatamente a ele mesmo.

Se essa possessão parece não caracterizar o trabalho do ator necessariamente, a ideia xamânica expressa diversas faces isomorfas ao trabalho do ator. Segundo Eliade,

> às vezes, esse conjunto de práticas e ideias religiosas parece ter relação com o mito da existência de uma época remota em que a comunicação entre Céu e a terra era muito mais fácil. Vista desse ângulo, a experiência xamânica equivale ao restabelecimento desse tempo mítico primordial, e o xamã surge como um ser privilegiado que revive, individualmente, a condição feliz da humanidade na aurora dos tempos[6].

Essa época remota, provavelmente anterior à linguagem e ao pensamento linear, vai ao encontro das ideias de consciência extracotidiana que vimos há pouco. Como o xamã, o ator faz uma espécie de jornada ao *illud tempus* para oferecer a outros seres humanos essa experiência por meio de técnicas de êxtase muito precisas.

5. Heusch, apud Cole, *The Theatrical Event*, p. 15.
6. M. Eliade, op. cit., p. 166-167.

Como já disse, as analogias cênicas entre uma performance de teatro e uma performance xamânica são inúmeras. Muitas vezes, é pela mímica que o xamã conta sua viagem de ascensão ao Céu, sua descida ao submundo ou sua conversa com os deuses; pode, além disso, usar bonecos ou ventriloquia. Emprega figurinos específicos, objetos, música e efeitos primitivos de iluminação e troca de cena. Ora, essa poderia ser muito bem a descrição de uma performance de teatro euro-americano.

Mas ainda o que mais chama atenção é o uso comum dessas técnicas de êxtase que se manifestam durante o transe do xamã, no qual a figura cotidiana abandona o corpo do oficiante para dar lugar a um corpo totalmente diferente. Um aspecto ilustra isso de modo particular: a suspensão da dor durante o ritual, no qual são comuns provas de que o xamã abandonou de fato o corpo e, estando noutro lugar que não seu próprio corpo, não sente as dores cotidianas. Certamente o leitor lembra, também, de rituais primitivos de iniciação nos quais o praticante deve pisar sobre brasas ou fazer outras ações que envolvam a dor física, sem contudo estar sensível a ela.

Parece interessante que o depoimento de C, um dos *clowns* profissionais entrevistados, apresente essa mesma característica. Vejamos o exemplo: "C – Se você está com dor de cabeça, quer dizer [...] quando você está com febre e tem que fazer espetáculo com febre, gripado ou mesmo com dor, às vezes, por ter machucado a perna, você vai e é impressionante, você não sente nada, nada".

Assim, esse estado de êxtase em que se encontra o ator durante a performance parece suspender temporariamente a sensibilidade cotidiana para fazer surgir uma dimensão extracotidiana que celebra com os observadores o resultado dessa viagem xamânica.

Leabhart dialoga com Cole e resume seu paradigma explicativo sobre o trabalho do ator como um xamã, da seguinte forma:

> 1) a viagem xamânica ao *illud tempus* ou mundo da peça; 2) a descoberta do mundo da peça, e logo a "tomada do poder" pelo personagem do texto, o que se denomina possessão ou "*rouding*"; 3) o retorno do ator ao nosso mundo, possuído pela Imagem, mas ao mesmo tempo mantendo o controle sobre si mesmo. Esta é a parte da atividade que Cole chama de "retorno hungânico", assim denominado de acordo com aspectos de rituais haitianos[7].

Na verdade, Leabhart vai adiante, ele usa o paradigma de Cole para discutir a possibilidade de as práticas teatrais de Copeau e Decroux serem práticas xamânicas.

De qualquer modo, como já disse, essa "descoberta do mundo da peça" e mesmo a ideia de possessão parece supor um tipo muito

7. T. Leabhart, A Máscara como Ferramenta Xamanística no Treinamento Teatral de Jacques Copeau, *Revista da Fundarte*, p. 7.

específico de teatro, no qual o personagem é o centro dos objetivos do ator. Pavis lembra que a personificação é uma característica euro-americana e que as formas orientais de teatro e dança não se deixam penetrar pela livre expressão, por serem extremamente técnicas. Ele afirma que "o ator ocidental parece sobretudo querer dar a ilusão que encarna um indivíduo do qual lhe confiaram o papel em uma história em que intervém como um dos protagonistas da ação"[8]. Assim, nem todo ator usa a personificação, não só o *clown* não deixa claro esses limites; principalmente, práticas parateatrais e as tradições orientais codificadas não estão de fato preocupadas com a personificação como uma mimese. Se considerarmos o personagem apenas como um padrão extracotidiano de comportamento, ou seja, algo (poderia ser a ideia de Imagem de Cole) que provém de fora do ator a tomar conta de si e fazer com que ele aja "como se", a ideia de possessão seria tão somente uma especificidade do teatro euro-americano, que de modo algum poderia ser generalizada como uma característica intrínseca ao trabalho do ator. Em síntese, o trabalho do ator não é necessariamente realizado sobre um personagem, pois este pode atuar sem ter consigo a ideia da personificação.

Por outro lado, essa ideia de estar possuído, de personificar, de ser tomado por um ente externo, sem perder o controle, certamente ocupa boa parte do trabalho e do imaginário do ator euro-americano, pois as tradições teatrais instauraram desde muito cedo essa tarefa. A própria vinculação do teatro euro-americano com a dramaturgia implica uma relação ator/personagem. Afinal, viver o papel foi um aspecto bastante explorado por Stanislávski e toda tradição que ele instaurou; além disso, a própria tradição de ver o ator como um intérprete do texto é, certamente, muito anterior ao trabalho de Stanislávski.

Se for admissível que o trabalho do ator não se resuma à personificação, e, no entanto, boa parte do trabalho do ator euro-americano é personificar imagens que provêm de fora, do exterior, como explicar esse processo frente à ideia que estou perseguindo de falar em técnicas de êxtase?

A pesquisa que realizei com o *clown* me faz crer que não há qualquer indício que concretize essa chamada personificação, além de um nível maior ou menor de imaginação. Contudo, parece ser no processo de criação muito mais do que durante a performance que o ator imagina ser tomado por uma Imagem do exterior, revelando-se esta atitude também como uma técnica de êxtase.

Durante a atuação diante da plateia, o ator também personifica num certo nível. No entanto, isso parece ser apenas o necessário para uma espécie de proteção, pois, não sendo sua personalidade social a atuar, está autorizado a fazer coisas que não faria como sujeito coti-

8. P. Pavis, *A Análise dos Espetáculos*, p. 51.

diano, como o xamã que representa uma viagem aos deuses, e não ele próprio como cidadão daquela comunidade.

Essas técnicas de êxtase parecem se sobrepor a qualquer tentativa de teorização sobre essas motivações exteriores, pois a experiência interna é sempre maior e mais forte que os motivos pelos quais o ator inicia um trabalho. Mesmo ao interpretar um personagem da literatura dramática, o êxtase é esse estado singular de presença que o ator aciona; nessa técnica usa um padrão definido para que a plateia veja uma determinada Imagem. No entanto, embora possa transitar de uma Imagem a outra ou fazer um ou outro personagem, todo esse trabalho está amparado por esse estado de êxtase que sustenta qualquer atuação, fazendo com que a plateia se sinta irresistivelmente motivada a olhar.

Nesse caso, o personagem, o tipo, a Imagem, como diz Cole, é tão somente um padrão que configura uma unidade, um conjunto de aspectos do comportamento extracotidiano, um modo de falar, um modo de se deslocar, um ritmo de respiração, entre outros. Isso tudo colocado sobre o êxtase de fazer.

As técnicas de êxtase suspendem a vontade cotidiana e, nessa suspensão, a consciência é mais integral e alheia ao pensamento linear do cotidiano; isso causa a impressão ao ator de estar sendo levado por uma motivação exterior, como, por exemplo, por um personagem que agiria na tênue linha divisória entre a vontade do ator e a coerência do personagem. Entretanto, essa coerência é constituída pela vontade do ator, decidindo ele próprio quais as características que o ser ficcional terá e, ainda, quais o público verá e quais estarão à disposição apenas do deleite do ator.

Das entrevistas com *clowns* profissionais, A traz um depoimento que ajuda a elucidar tal questão. Ao ser perguntado sobre o que pensa quando está em cena, ele responde: "eu procuro não pensar, eu procuro ser um veículo pra que a criatura que está em cena ou numa improvisação, o ser que está ali, ele procure pensar por si".

A questão que se abre dessa fala é: estaria o ator tomado por um personagem cujo esforço de coerência ficcional se sobreponha ao seu pensamento, ou estaria ele apenas usando uma técnica de êxtase para aquietar seu pensamento cotidiano?

É difícil responder. O que me parece claro nos dados recolhidos é que o êxtase sustenta todas essas práticas e confere a elas uma dimensão extracotidiana, fazendo com que a plateia reconheça aquilo como uma experiência deslocada do cotidiano e que lhe causa interesse.

Do ponto de vista do ator, no entanto, seu mundo mental está aberto, quer esteja usando, quer não, uma Imagem exterior, quer, ainda, prove de uma viagem xamânica ao *illud tempus*, a um mundo ficcional em que a plateia não tem acesso, só podendo presenciá-lo por intermédio do ator. Cole reconhece que, na possessão, "a pessoa possuída projeta a força interior que lhe possui como 'outro' – algumas vezes como outra pessoa, mas mais frequentemente como deus ou espírito – precisamente porque ele não a pode reconhecer como um aspecto de si"[9].

Nesse caso, se o trabalho do ator é similar às técnicas xamânicas de êxtase, resumidas no movimento de "ascensão de um homem aos deuses, por um lado; descida de um deus em um homem, por outro"[10], e o personagem existe ou não em sua concretude, trata-se de uma questão menor. O que preciso sublinhar é que as técnicas de êxtase, como uma alteração da consciência, duplicam esse apercebimento reconstrutivo de si e dos outros, desdobrando a consciência cotidiana em direção ao prazer de realizar essa viagem, à constituição de sentido das ações apresentadas e à manutenção e dinamização da relação com a plateia.

A essa altura o leitor pode estar imaginando essas técnicas de êxtase como soluços, espasmos, retorções e um comportamento ritualístico. No entanto, não é a isso que me refiro quando falo em técnicas de êxtase. Nesse sentido, há apenas um isomorfismo entre as técnicas de êxtase xamanísticas e o trabalho do ator. Existe êxtase na imobilidade e apenas na presença psicofísica do ator, embora algumas atuações possam lembrar mais ou menos rituais. Componentes ou conteúdos normalmente reprimidos e escondidos são facilmente liberados pelo êxtase. Estar em cena sob o domínio descontrolado da consciência extracotidiana pode implicar revelação de elementos que tentamos esconder na dimensão cotidiana. Já procurei demonstrar isso quando descrevi o trabalho com o *clown* e discuti a questão da máscara. Mas deixando para a psicanálise esses elementos reprimidos ou que podem, eventualmente, ser pseudoterapêuticos, o êxtase como característica da consciência extracotidiana separa a ideia de consciência da ideia de vontade.

"Obter o êxtase, ou seja, 'sair de si mesmo'"[11] como mostrou o trabalho com o *clown*, implica trabalhar de uma maneira não planejada na conduta da vontade. A imaginação é um *a priori* somente como ponto de partida que logo abandona seu curso para dar lugar a "saltos" mentais inesperados.

Segundo Barba: "De fato, o pensamento criativo se distingue justamente por prosseguir por saltos, por meio de uma desorientação inesperada que o obriga a se reorganizar de novas maneiras, abandonando uma concha bem ordenada. É o *pensamento-em-vida*, não retilíneo, não unívoco"[12].

Mas se até aqui me ocupei em separar a consciência para dela extrair uma compreensão do trabalho do ator, é agora importante rein-

9. D. Cole, *The Theatrical Event*, p. 44.
10. Idem, p. 52.
11. M. Eliade, op. cit., p. 506.
12. E. Barba; N. Savarese, *A Arte Secreta do Ator* p. 58.

tegrar no fluxo contínuo da vida as partes no todo, que é, por sua vez, certamente, muito mais que a soma das partes.

Não é, senão, no corpo e em função dele que tudo isso ocorre: a consciência não sendo um ente à parte, mas, no caso particular da consciência extracotidiana, e também, *lato sensu*, uma emergência do funcionamento corporal. São as ações físicas do ator que constituem esse modo singular de tornar a consciência extracotidiana em êxtase, ou seja, em muito mais funções do que ela pode ter em sua dimensão cotidiana. E tudo isso em função do observador ou, melhor dizendo, na relação com ele.

OS LIMITES DA PESQUISA

Um desafio, entre tantos enfrentados por esta pesquisa, foi o de tratar de forma linear aquilo que se configura de modo não linear – as configurações da consciência no trabalho do ator. Essas configurações dispensam em muitos casos a linguagem e não podem ser fixadas em terminologias simplificadas.

Esse desafio me fez pensar na questão da comparação entre o uso da linguagem e a própria ação, tão presente nas pessoas de teatro. A palavra ou a linguagem permanece e pode ser reproduzida e transmitida pela ação, que é efêmera e ocorre no "aqui e agora" do tempo e do espaço do viver.

Mas se a ação é viva porque nos transforma, ela é vã porque não permanece. Entretanto, a palavra que imprimo agora nesse papel (mesmo que virtual, pois uso o computador) possui um poder de permanência. Porém, os significados que a palavra possa ter sobre aquilo que não é verbal produzem nada mais do que dúvidas sobre seu sentido. A palavra é também efêmera quando procura cercar a efemeridade do teatro. Com palavras, explicamos o inexplicável. Reduzimos o irredutível. Classificamos o inclassificável. O leitor pode estar se perguntando, mas por que chegamos até aqui?

A busca que relatei neste estudo talvez persiga um objetivo tão inatingível quanto necessário para a arte teatral: compreender o que fazemos. Provavelmente, essa é a busca de todos que se propõem a estudar, com anseios científicos, o teatro e as artes em geral.

Isso é necessário para que possamos seguir perguntando, e, ao perguntar, nos defrontarmos com nós mesmos, com nossa condição de sujeitos imersos na nossa ânsia de compreensão do mundo. Não nos contentamos com pouco, precisamos sempre compreender o mundo e a nós próprios. Diz um ditado judeu que quando o homem está saciado de pão, ele pergunta: "E agora, o que devo fazer?".

É nessa condição humana, frente ao conhecimento, que esta pesquisa foi conduzida. Ao reconhecer nossa precariedade, precisamos assumir que o real nos escapa a cada nova tentativa que fazemos de compreendê-lo. Por isso, devemos nos dar conta de que o conhecimento é sempre provisório. Não conhecemos mais do que a reação que os objetos de conhecimento (inclusive nós mesmos quando nos objetivamos) nos apresentam frente à nossa ação sobre eles.

O próprio esforço de definir a consciência leva-nos a reconfigurá-la e é por isso que é impossível aprisioná-la numa definição.

Assim, procurei conduzir esta pesquisa sobre as configurações da consciência extracotidiana, mais num sentido de pergunta do que de afirmação. Contudo, necessitamos das afirmações para transformá-las em perguntas a partir das dúvidas que suscitam. Parafraseando o físico dinamarquês Niels Bohr, devo advertir o leitor de que "qualquer frase que diga não deve ser entendida como uma afirmação, mas como uma pergunta"[13].

As afirmações desta pesquisa produzirão certamente compreensões distintas. A impossibilidade de produzir no leitor uma ideia mais exata e única do que seja a experiência da consciência extracotidiana me conduz a encerrar este livro com uma síntese que pretende, de certa forma, não mais do que ordenar a desordem.

DA ILUSÃO DA VONTADE

As tradições pedagógicas teatrais, das quais somos herdeiros, me fizeram pensar na consciência no trabalho do ator, ora como sinônimo de razão e ora como crença de que possamos minimizá-la, na intenção de descobrir algo mais profundo do que o pensamento cotidiano. Essas posições nos abrem caminhos aparentemente inconciliáveis. De um lado, a ideia de que possamos conduzir o trabalho criativo por meios conscientes; de outro, por meios inconscientes, ou não tão claros à consciência, embora ambos sejam provenientes da intencionalidade.

Essa ideia de opor a consciência ao inconsciente manifesta uma oposição insustentável. Procurei mostrar, com o trabalho com o *clown*, como essa oposição está circunscrita pelo que denomino configurações da consciência. Essas configurações não podem ser consideradas como opostas, tampouco podemos determinar seu grau de vontade.

Se a consciência se configura a partir de uma diferenciação do cotidiano em direção ao extracotidiano, é porque o ator se constitui, pois não aparece do nada. Embora não possamos identificar com precisão a gênese dos conhecimentos que fazem do ator um sujeito extracotidiano, podemos deduzir que é na ação ou na retenção de aspectos de sua ação que ele se constrói como identidade. Ele abre e, ao mesmo tempo, reduz os seus possíveis, delimitando o campo de seu comportamento.

13. Bohr, apud E. Barba, *Além das Ilhas Flutuantes*, p. 13.

No entanto, ele constitui identidades múltiplas ao fazer escolhas e ao deixar se influenciar por fazeres específicos. É sujeito de sua ação, porque se apropria dos êxitos do que faz. É sujeito de presença, de uma presença singular e superlativa. E como sujeito de si mesmo, o ator apropria-se de sua presença cotidiana para convertê-la em presença extracotidiana. Realiza aquilo que a busca humana convencionou chamar de conhecer a si mesmo.

Acostumamo-nos a pensar que esse "conhecer a si" implica o exercício estrito da vontade. Mas o trabalho com os alunos-atores e as entrevistas com *clowns* profissionais mostraram que o ator é consciente de sua ação não como um calculista ou hábil estrategista que articula de antemão todo processo, mas, ao contrário, como quem se entrega a si mesmo, se abandona, se sujeita ao intrincado mundo da apropriação e do apercebimento de si. Isso qualifica sua presença no mundo e lhe confere um poder especial de chamar atenção.

Por outro lado, sua vontade é atravessada, em todo o processo, pelo tangenciamento do querer dito consciente, pois os próprios desejos do que fazer se obscurecem com a clareza do feito. Não podemos determinar com precisão cartesiana a intenção prévia a cada ação, nem no processo de construção de uma cena, nem tampouco no ato de apresentá-la à plateia. Determinar a intenção já supõe destacá-la da ação. O ator deseja parecer velho, ou cansado, ou triste, deseja fazer rir ou chorar, mas todas essas intenções chegam ao êxito quando unidas à ação. Assim, embora fruto de sua vontade de atuar, suas ações são resultado de um confronto maior entre a vontade do gozo da cena e a relação com a alteridade.

É totalmente ilusório acharmos que possuímos um saber fazer, porque possuímos a vontade de fazer. Esforcei-me em mostrar como o ator é atravessado pela transformação, embora repita para si e para a plateia ações preparadas no passado. Existe nessa transformação, no fluir da ação extracotidiana, uma suspensão do tempo e do espaço que os teóricos do jogo há muito atribuíram ao jogador. As ações do passado são permanentemente reconstituídas no presente, e isso lhes confere a capacidade de incorporar eventos, detalhes e caracteres distintos, em especial, as reações do público, por mais imperceptíveis que sejam. Essas reações do público constituem, portanto, uma presença que atravessa a ação do ator e lhe confere legitimidade.

Em muitos casos pensamos que a constituição do ator está dada. Ou pelo nascimento, quando cremos que existem atores talentosos e outros nem tanto, ou pela técnica, quando admitimos que o método correto é capaz de transformar qualquer um em ator. Mas não há nada nesta pesquisa que me faça poder afirmar tal ideia. O trabalho do *clown* mostrou-me que esse processo é muito mais complexo e que a formação do que chamei de sujeito extracotidiano depende não só das ações que ele faz para diferenciar-se do cotidiano, mas também daquilo que extrai dessas ações, da sua interação consigo mesmo, daquilo que se faz com o que se fez, no qual certamente estão implicadas as determinações biológicas, pessoais e sociais, sem, entretanto, reduzir-se a elas.

A consciência não é igual à vontade. A consciência não é igual ao querer. O ator pode desejar executar determinada ação, mas isso não garante êxito. Ter consciência, nesse caso, é aperceber-se de uma forma reconstrutiva, isto é, refazer, num outro plano, o que se fez, incorporando as reações da plateia.

Trata-se de um apercebimento reconstrutivo, no qual a tomada de consciência da própria ação conduz de uma zona indiferenciada entre cotidiano e extracotidiano até zonas centrais bastante delimitadas, ou seja, conduz à construção do comportamento e do sujeito extracotidiano.

DAS CONFIGURAÇÕES DO INIMAGINÁVEL

Os atores, objeto desta pesquisa, pareceram romper com as estruturas cotidianas de pensar e agir por meio de um processo longo de diferenciação dos comportamentos cotidianos. É a continuidade de funcionamento que conduz a uma ruptura estrutural. Chamamos ator o sujeito que, percebendo de forma reconstrutiva sua ação, pode repeti-la para chamar a atenção de outros seres humanos e, fazendo isso, constrói estruturas cada vez mais diferenciadas daquelas do cotidiano. Essa construção é que lhe permite repetir suas ações com o mesmo fluxo orgânico de vida que as faz parecer serem realizadas pela primeira vez. Essas repetições transformantes constituem caminhos para a imaginação.

O objetivo do ator é poder trabalhar na dimensão do inimaginável. Pensamos com frequência que um bom ator tem uma boa imaginação. Isso pode estar correto, mas logramos êxito em cena quando transcendemos a imaginação e conseguimos alcançar uma dimensão na qual essas "imagens em ação" deixam de ser produzidas como um fluxo planejado e sequenciado de razões, para se converterem numa gama de "ações em imagem". Embora derivando desse exercício de imaginar estar noutro lugar ou ser outra pessoa, ainda que derivando do plano de agir "como se", essas imagens não se restringem àquilo que podemos prever e se configuram como um abandono controlado.

O inimaginável não é um lugar, tampouco um momento, mas se circunscreve como configurações singulares da consciência. Não se trata de um ponto de partida do ator, mas, sim, de chegada. É o resultado emergente da ação de compartilhar com a plateia que denomino como inimaginável.

Classifiquei isso como uma exaustão ou uma eliminação das possibilidades habituais ou já organizadas. Essa eliminação parece ser, então, consequência, e não causa desse salto para o inimaginável. O ator tenta, com esquemas já experimentados, o êxito de fazer rir ou criar comoção. Quando isso não funciona, a exigência do professor em sala de aula ou a reação do público durante a apresentação lhe propõe um desequilíbrio, e a reação do ator constrói uma novidade, uma ligação que não havia até então. Ele supera a dificuldade, transportando-se para um resultado inimaginável, não previsto.

DO ÊXTASE DE FAZER AO ÊXTASE DE COMPARTILHAR

Nas entrevistas com os *clowns* profissionais ficou claro que repetir é um anseio fervoroso do ator e, ao mesmo tempo em que constitui um objetivo, constitui também um obstáculo nunca transponível. Ao repetir uma sequência de ações, uma improvisação, um texto ou um gesto, o ator admite ser tocado por si mesmo; precisa se apropriar desse pequeno objeto de si e, ao se apropriar, o transforma para dele extrair a experiência de estar vivo e orgânico. Se o transforma, já não pode tê-lo como havia feito há pouco, mas é a tentativa de repeti-lo que permite, ao transformar aquilo que delimitou como ação, que se aperceba do funcionamento de si mesmo e se refaça, se reconstrua noutro nível, no nível da apropriação de si.

A constante transformação do sujeito extracotidiano é o que possibilita essa simulação da vida, uma vida recriada sob a égide do artifício. Essa recriação do fluxo transformável de vida no corpo do ator é o que garante a possibilidade de relação com a plateia, contamina com presença o corpo do observador, faz dos comportamentos espetaculares um trabalho de comunicação vital, converte a plateia num participante sem o qual a presença não tem sentido, constitui uma troca de significados que possibilita um encantamento, uma atração mágica entre os seres humanos.

No momento da atuação o pensamento se aquieta; mas isso não acontece com toda a razão. Apesar de não pensar, o ator usa a razão, pois o trabalho do ator é um trabalho de inteligência muito rebuscado. No entanto, aquele pensamento linear que funciona no cotidiano para guiar e medir nossas ações não conduz a êxitos, não permite estabelecer relações de presença com a plateia. Provavelmente similar ao que o zen-budismo classifica como não atribuição, o estado em que se encontra o ator permite uma inteireza da ação a tal ponto que todas as divisões cotidianas entre corpo e mente, entre pensar e agir, ficam provisoriamente suspensas.

O ator, assim como o xamã, realiza uma viagem para fora de si, uma transcendência do corpo e da mente. As técnicas de êxtase significam um transbordamento da ação. O corpo extracotidiano é um corpo no qual não cabem mais as ações. Elas precisam ir além do próprio sujeito, elas precisam invadir o espaço da plateia, o espaço intersubjetivo. Da mesma forma, a mente extracotidiana extática não se conforma apenas com seus atributos cotidianos, extrapola a razão, o pensamento, o sentir e o estar, para criar possibilidades sempre em transformação.

O ator como xamã é uma metáfora da consciência como algo que é mais do que pensar o que pensamos. O ator como xamã é uma ideia que me ajuda a tomar posse das configurações distintas, duplicadas, unas, dilatadas, reconstruídas, transformadas, que a consciência assume ao se relacionar, ao trocar e ao se confundir com o outro. No êxtase não podemos delimitar com precisão o que é sujeito e o que nele está atravessado pelo outro; o que é planejado e o que é ação criada no momento; o que é descontrole e o que é repetição premeditada; o que é viagem para fora de si e o que é retorno; o que é objetivo da ação e o que é a razão da sua realização; o que é aperceber-se de si e o que é reconstruir-se.

O ATOR PARA ALÉM DO ATOR

Reconhecer a existência de técnicas de êxtase, do ator como xamã, abre novas possibilidades de pensar o trabalho do ator, sua atuação e as situações pedagógicas de sua formação. Ao aprofundar essas ideias, constituo outros significados para a educação. Acostumamo-nos a pensar a educação e o conhecimento como as formas humanas de constituir e desenvolver as ciências para disso extrair maneiras de viver melhor. O ator como xamã talvez possa nos alertar para a necessidade de repensarmos as funções do conhecimento, seus caminhos e suas possibilidades de aplicação, uma vez que o ator como xamã nos faz pensar nas distintas dimensões que a consciência humana pode configurar.

Por tudo isso, qualquer definição de consciência poderia, a esta altura, ser arriscada e desnecessária. Apesar de a intenção inicial desta pesquisa ter sido a de verificar a tomada de consciência no trabalho do ator, as análises feitas conduziram-me a concluir que a diversidade de configurações do que designamos como consciência podem, no máximo, ampliar a noção que temos desse conceito.

Ao realizar tal movimento, de uma ideia fechada e linear para um conceito de consciência como modo de configurar a experiência da apropriação de si, proponho que as práticas pedagógicas em teatro e mesmo *lato sensu* possam considerar que aquilo que parece desconectado, dividido e, por vezes, alternado, constitui, na verdade, uma totalidade que caracteriza a humanidade. Saber sobre esses processos pode revelar compreensões mais aprofundadas sobre o trabalho do ator e ter desdobramentos mais claros para a educação. Podemos, assim, ir além do entendimento que define o trabalho do ator como simples fruto de um talento inato ou de procedimentos técnicos precisos, de um treinamento que não contemple a tomada de consciência.

A pergunta inicial desta pesquisa, ou seja, como age a consciência no caminho entre uma primeira elaboração do ator e a reapresentação das ações ao espectador, pode ser reconfigurada dizendo-se que a consciência não age de modo linear, mas, antes, se configura de modos distintos, promovendo uma ruptura estrutural a partir de uma continuidade funcional entre cotidiano e extracotidiano. Essa estruturação de saberes extracotidianos ocorre por um mecanismo que caracterizei como apercebimento reconstrutivo, promovendo uma transcendência para um estado inimaginável, no qual as dicotomias cotidianas estão suspensas. Todas essas configurações da consciência são experiências de êxtase xamânico ou isomorfas à viagem que o xamã faz tanto para dentro de si, quanto para a alteridade. Não posso e não desejo afirmar que o ator é um xamã, mas esta pesquisa mostra que as configurações circunscritas por sua consciência fazem parecer que o ator trabalha como um xamã.

A pouco falei sobre a efemeridade da ação e a permanência da palavra. No entanto, se o ator trabalha como um xamã é porque a ação, apesar de fugaz, deixa rastros que são perenes: as estruturas de conhecimento, de consciência, de afetividade. Elas possibilitam ao ator repetir suas ações, refazendo-se a cada instante, e dão possibilidade à sua consciência de fazê-lo trabalhar como um xamã.

Bibliografia

ASLAN, Odete. *O Ator no Século XX*. São Paulo: Perspectiva, 1994.

AZEVEDO, Sônia Machado de. *O Papel do Corpo no Corpo do Ator*. São Paulo: Perspectiva, 2002.

BARBA, Eugenio. *Além das Ilhas Flutuantes*. Campinas : Hucitec, 1991.

_____. *La canoa de papel*. México: Gaceta, 1992.

_____. *La ficción de la dualidad*. Tradução de Toni Cots. [S.l.: s.n.], [1990].

_____. *Teatro*: soledad, oficio, revuelta. Buenos Aires: Catálogos, 1997.

BARBA, Eugenio; SAVARESE, Nicola. *A Arte Secreta do Ator*. São Paulo: Hucitec; Campinas : Unicamp, 1995.

BATTRO, Antonio M. *Dicionário Terminológico de Jean Piaget*. São Paulo: Pioneira, 1978.

BECKER, Fernando et al. (org.). *Aprendizagem e Conhecimento Escolar*. Pelotas: EDUCAT, 2002.

BECKER, Fernando. *A Origem do Conhecimento e a Aprendizagem Escolar*. Porto Alegre: Artmed, 2003.

_____. *Educação e Construção do Conhecimento*. Porto Alegre: Artmed, 2001.

_____. *A Epistemologia do Professor*. Petrópolis: Vozes, 1993.

BENDER, Ivo. *Comédia e Riso*: uma poética do teatro cômico. Porto Alegre: UFRGS/EDPUCRS, 1996, p. 12-20.

BERGSON, Henri. *O Riso*. São Paulo: Martins Fontes, 2001.

BIÃO, Armindo. Estética Performática e Cotidiano. In: *Performáticos, Performance e Sociedade*. Brasília: Editora Universidade de Brasília, 1996.

BOLOGNESE, Mário Fernando. *Palhaços*. São Paulo: UNESP, 2003.

BONFITTO, Mateo. *O Ator Compositor*. São Paulo: Perspectiva, 2002.

BURNIER, Luiz Otávio. *A Arte de Ator*: da técnica à representação. Campinas: Editora da Unicamp, 2001.

CAPRA, Fritjof. *O Tao da Física*. São Paulo: Cultrix, 1983.

CARASSO, Jean-Gabriel. C'est du théâtre. In: MONOD, Richard (org.). *Jeux dramatiques et pédagogie*. Paris: Edilig, 1983, p. 19-27.

CARLSON, Marvin. *Teorias do Teatro*: estudo histórico-crítico, dos gregos à atualidade. São Paulo: UNESP, 1997.

CHACRA, Sandra. *Natureza e Sentido da Improvisação Teatral*. São Paulo: Perspectiva, 1991.

CHEKHOV, Michael. *Para o Ator*. São Paulo: Martins Fontes, 1986.

CIESLAK. *Revista Máscara*. México, n.16, jan. 1994.

COLE, David. *The Theatrical Event*. Connecticut: Wesleyan University Press, 1975.

COMEDIEN?! Clown!?. *Revista Bouffonneries*. Paris, n.7, 1982.

COPEAU, Léveilleur. *Revista Bouffonneries*. Paris, n. 34, 1995.

CRUCIANI, Fabrizio. *Registi pedagoghi e comunità teatrali nel novecento*. Roma: E & A, 1995.

DAMÁSIO, António R. *O Erro de Descartes*: emoção, razão e o cérebro humano. São Paulo: Companhia das Letras, 1996.

_____. *O Mistério da Consciência*: do corpo e das emoções ao conhecimento de si. São Paulo: Companhia das Letras, 2000.

DECROUX, Etienne. Words on mime. In: *Mime Jounal*. Claremont: Pomona College, 1985.

DE MARINIS, Marco. *Drammaturgia dell'attore*. Porretta Terme: I Quaderni del Battello Ebbro, 1997.

DIDEROT, Denis. *La paradoja del comediante*. Buenos Aires: Siglo veinte, [s/d].

ELIADE, Mircea. *O Xamanismo e as Técnicas Arcaicas do Êxtase*. São Paulo: Martins Fontes, 2002.

EM CENA. Rio Grande do Sul: Universidade Federal do Rio Grande do Sul. Departamento de Arte Dramática n. 2, dezembro de 2001.

FELDSHUH, David. *O Zen e o Ator*. [s/d], (texto digitado).

FREIRE, Paulo. *Conscientização*: teoria e prática da libertação. São Paulo: Moraes, 1980.

GREINER, Christine; BIÃO, Armindo. (org.). *Etnocenologia*: textos selecionados. São Paulo: Annablume, 1999.

GROTOWSKI, Jerzy. *Em Busca de um Teatro Pobre*. Rio de Janeiro: Civilização Brasileira, 1987.

GUINSBURG, J. *Stanislávski, Meierhold & Cia*. São Paulo: Perspectiva, 2001.

HODGSON, John; RICHARDS, Ernest. *Improvisation*. New York: Grove Press, 1979.

HUGILL, Beryl. *Bring on the Clowns*. Seasaucus, New Jersey: Chartwell Books, 1980.

ICLE, Gilberto. *Teatro e Construção de Conhecimento*. Porto Alegre: Mercado Aberto, 2002.

JACOB, Pascal; LAGE, Christophe Raynaud de. *Les clowns*. Paris: Magellan, 2001.

JOHNSTONE, Keith. *Impro improvisacion y el teatro*. Santiago: Cuatro Vientos, 2003.

KANTOR, Tadeusz. *El teatro de la muerte*. Buenos Aires: Ediciones de la flor, 2003.

KUMIEGA, Jennifer. *Jerzy Grotowski*: la ricerca nel teatro e oltre il teatro 1959-1984. Firenze: La Casa Usher, 1989.

LABAN, Rudolf. *Domínio do Movimento*. São Paulo: Summus, 1978.

LEABHART, Thomas. *Modern and Post-modern Mime*. London: Macmillan, 1989.

_____. The Mask as Shamanic Tool in the Theatre Training of Jacques Copeau. In: *Mime Jornal 1995*. Clarmont: Pomona College, 1995. Incorporated knowledge.

_____. A Máscara como Ferramenta Xamanística no Treinamento Teatral de Jacques Copeau. In: *Revista da Fundarte*. Montenegro, v. 2, n. 4, jul./dez. 2002.

LOPES, Elizabeth Pereira. *A Máscara e a Formação do Ator*. Campinas: Unicamp, 1990. 368 f. Tese (doutorado em Artes Cênicas) – Departamento de Artes Cênicas.

LÜDKE, Menga; ANDRÉ, Marli E.D.A. *Pesquisa em Educação:* abordagens qualitativas. São Paulo: EPU, 1986.

MATURANA, Humberto R.; VARELA, Francisco J. *A Árvore do Conhecimento*: as bases biológicas da compreensão humana. São Paulo: Palas Athena, 2001.

MATURANA, Humberto R. *A Ontologia da Realidade*. Belo Horizonte: Editora da UFMG, 1997.

_____. *Cognição, Ciência e Vida Cotidiana*. Belo Horizonte: Editora da UFMG, 2001.

_____. *Emoções e Linguagem na Educação e na Política*. Belo Horizonte: UFMG, 1998.

MEYERHOLD. *El actor sobre la escena*: diccionario de practica teatral. México: Gaceta, 1998.

MONTAGERO, Jacques. *Piaget ou a Inteligência em Evolução*. Porto Alegre: Artes Médicas, 1998.

MOORE, Sonia. *The Stanislavski System*. New York: Penguin, 1984.

PAVIS, Patrice. *A Análise dos Espetáculos*. São Paulo: Perspectiva, 2003.

_____. *Diccionario del teatro*: dramaturgia, estética, semiologia. Barcelona: Paidós, 1980.

PIAGET, Jean. *Comportamento Motriz da Evolução*. Porto: Res Editora, 1977.

_____. *Biologia e Conhecimento*. Porto: Res, 1978.

_____. *A Equilibração das Estruturas Cognitivas*: problema central do desenvolvimento. Rio de Janeiro: Zahar, 1976.

_____. *Fazer e Compreender*. São Paulo: Melhoramentos, 1978.

_____. *A Formação do Símbolo na Criança*. Rio de Janeiro: Guanabara Koogan, 1978.

_____. *O Juízo Moral na Criança*. São Paulo: Summus, 1994.

_____. *O Nascimento da Inteligência na Criança*. Rio de Janeiro: Zahar, 1982.

_____. Procedimentos e Estruturas. In: *Arquivos de Jean Piaget*. Arquivos de Psicologia, n. 47, 1979, p.161-176 . Cópia xerográfica.

_____. *Problemas de Psicologia Genética*. Lisboa: Dom Quixote, 1983.

_____. *A Tomada de Consciência*. São Paulo: Melhoramentos, 1977.

_____. *Epistemologia Genética*. São Paulo: Martins Fontes, 1990.

PRADIER, Jean-Marie. Os estudos teatrais ou o deserto científico. *Repertório Teatro e Dança*, Salvador: UFBA. Programa de Pós-graduação em Artes Cênicas, ano 3, n.4, p.38-55, jan./jun.2000.

PROPP, Vladimir. *Comicidade e Riso*. São Paulo: Ática, 1992.

RAMOZZI-CHIAROTTINO, Zélia. *Psicologia e Epistemologia Genética de Jean Piaget*. São Paulo: EPU, 1988.

REPERTÓRIO/Revista de Teatro: la formación del actor en el mundo. México: Universidad Autonoma de Queretaro, n.3, nov. 1987.

RENAUT, Alain. *O Indivíduo*: reflexão acerca da filosofia do sujeito. Rio de Janeiro: DIFEL, 1998.

REVISTA DA FUNDARTE. Montenegro: Fundação Municipal de Artes de Montenegro, 2002, v.2, n. 4, julho/dezembro 2002.

LA IMPROVISACION. *Revista Máscara*. México, n. 21-22, jan.1996-1997.

RICHARDS, Thomas. *At Work with Grotowski on Physical Actions*. New York: Routledge, 1996.

ROUBINE, Jean-Jacques. *A Arte do Ator*. Rio de Janeiro: Jorge Zahar, 1987.

SÁ, Luiz Fernando Nunes. *Semiótica da Percepção*: as relações figurativas por detrás das operações formais do pensamento. Porto Alegre: Universidade Federal do Rio Grande do Sul, 2001 (tese de doutorado).

SPOLIN, Viola. *Improvisação para o Teatro*. São Paulo: Perspectiva, 1987.

STANISLAVSKI, Constantin. *A Construção do Personagem*. Rio de Janeiro: Civilização Brasileira, 1970.

_____. *A Criação do Papel*. Rio de Janeiro: Civilização Brasileira, 1972.

_____. *Etica y disciplina/metodo de acciones fisicas*. México: Gaceta, 1994.

_____. *A Preparação do Ator*. Rio de Janeiro: Civilização Brasileira, 1966.

_____. *El arte escénico*. México: Siglo Veintiuno, 1999.

_____. *El trabajo del actor sobre si mesmo*. Buenos Aires: Quetzal, 1983.

STOLZENBERG, Mark. *Be a Clown*. New York: Sterling, 1981.

SKEEL, Rina (org.). *A Tradição da ISTA*. Londrina: FILO, 1994.

THEATRE and Sport. *Mime Jornal 1996*. Claremot: Pomona College, 1996.

THEATRE east and west revisited. *Mime Jornal 2002/2003*. Claremont: Pomona College, 2002/2003.

TOPORKOV, Vasily O. *Stanislavski in Rehearsal*: the final years. New York: Arts Books, 1979.

VALENZUELA, Jose Luis. *De Barba a Stanislavski*. San Luis: Editorial Universitária, 1993.

VIGANÒ, Antonio. *Nasi Rossi*: il clown tra il circo e il teatro. Montepulciano: Grifo, 1985.

WATSON, Ian. *Towards a Third Theatre*. New York: Routledge, 1993.

ZAMBONI, Silvio. *A Pesquisa em Arte*. Campinas: Autores Associados, 1998.

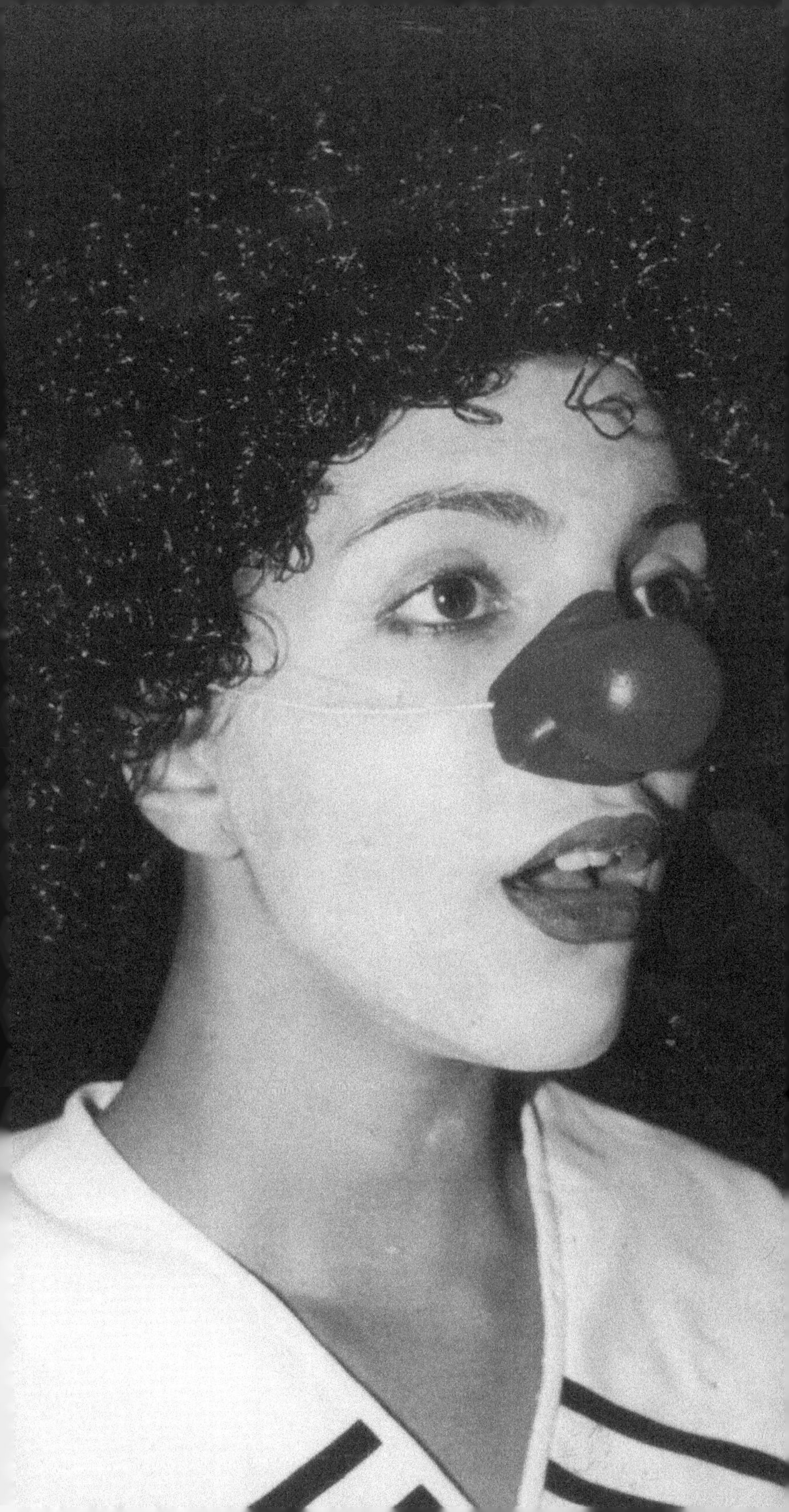

Este livro foi impresso na cidade de Cotia,
nas oficinas da Meta Brasil,
para a Editora Perspectiva.